박문각

KB196616

합격을 결정짓는

이태호 필수서

부동산세법 2차

박문각 공인중개사

브랜드만족
1위
박문각

2025

이 책의 머리말

2025년 을사년에 들어 부동산세법 필수서를 집필하면서, 새로운 감을 느끼지만 20년 넘게 그동안 강의하였던 기술적 내용을 첨부하여 재집필의 펜을 들고 보니, 예전의 제 교재가 부실하였던 점이 새로 느껴지며, 그 교재에서 아쉬웠던 점과 매년 부동산 정책에 따라 변화되는 개정 법률을 그 취지에 맞춰 제36회 시험대비 개정 법률에 따른 부동산세법 필수서를 새롭게 구성하였습니다.

해마다 공고되는 출제범위는 상속세 · 증여세 · 법인세 · 부가가치세를 제외하고 조세의 총론, 취득세, 등록면허세, 재산세 그리고 국세로는 종합부동산세, 부동산임대에 대한 사업소득, 양도소득세로 이는 공인중개업을 행할 때 실제 업무와 밀접한 관계가 있는 과목이라 합리적이고 타당한 선택이라 할 수 있습니다.

어떤 수험생들은 선배 수험생에게 귀동냥하여 들은 말로 부동산세법은 문항 수가 적고, 세율에 대한 숫자가 주된 과목이라 절대적으로 숫자만 문제로 나오지만, 그 많은 숫자를 외울 수 없으니 시험을 한 달 남기고 무조건 숫자만 외우라는 선배 수험생의 주문 그대로 행하는 불상사가 발생할까 봐 미리 말씀드리는데 이는 커다란 수험공부 방법의 큰 착오일 수밖에 없습니다.

제 경험상 말씀드리면 그 법률이 신설되었던 시대적 배경 · 경제적 상황 · 사회적 상황을 고려해 그 법률의 취지를 이해하고, 그 이해에 따라 법률의 문장의 키워드만 살짝 빼내어 알고 있으면 고득점을 할 수 있으므로 다른 과목에서 부족한 점수를 채워 합격의 지름길을 택하시길 바랍니다.

공인중개사 수험을 준비하신 분을 위해 20년을 넘게 강의로 접한 경험에 의하면 대부분 응시생은 「부동산세법」 과목에 대한 부담감을 느끼고 단순 암기 과목이라 여기며, 처음 공부하시는 분은 「부동산세법」 과목의 수험준비에 매우 당황하고 있음을 알아 저자는 이러한 이유로 세법의 기본구조의 흐름과 용어해설, 각 세법 간의 비교학습 등을 공인중개사 시험을 준비하시는 분들에게 그간 강의의 노하우와 개정이유를 바탕으로 서술하였으니 본서가 여러분의 합격에 도움이 될 수 있는 수험서가 되길 바랍니다.

본서의 특성 및 공부방법을 설명하면 다음과 같습니다.

01 ㅣ 처음부터 이론에 대한 부담감을 갖지 말고 전체의 숲을 관망하는 기분으로 진도를 나가야 합니다.

02 ㅣ 기본이론 확인문제를 통해 개정 법률을 최대한 빨리 습득하여, 개정 전과 개정 후의 비교로 "왜? 개정되었
는가"의 취지와 "이 법률의 발생은 왜?"라는 원인을 알아야 이해가 빨리 됩니다. 개정취지와 발생 원인을
심도 깊게 기술하였으니 이해로서 단락 단락된 법률을 학습하기 바랍니다.

03 ㅣ 2025년 부동산세법의 개정내용을 충실히 반영하였고, 기출문제는 개정내용을 반영하여 「변형」으로 구분하
였으며, 출제경향을 고려한 문제 해결력 기르기를 위해 상세한 해설과 더불어 수록하였습니다.

아무쪼록 본서가 여러분의 합격에 일조하는 수험서가 되길 바라며, 수험생 여러분들의 건투를 비는 바
입니다.

2025년 2월

편저자 **이태호**

CONTENTS

이 책의 **차례**

PART
03

국 세

박문각 공인중개사 ——————————————————————

PART

01

조세총론

Chapter 01 조세의 개념

조세란 일반적으로 ① 국가 또는 지방자치단체가 ② 재정수입을 조달하기 위해 ③ 법률규정에 의해 과세요건(용어해설 ㉠)을 충족하는 모든 인격체에게 ④ 직접적인 반대급부 없이(용어해설 ㉡) 부과(용어해설 ㉢)·징수(용어해설 ㉣)하는 모든 세목들을 말한다. 즉, 과세요건을 갖춘 모든 인격체에게 국가 또는 지방자치단체가 재정수입을 조달하기 위해 경제적 부담을 지우는 것을 말한다.

용어해설

㉠ **과세요건**: 과세요건이라 함은 국가·지방자치단체가 국세·지방세에 해당되는 세금을 징수하기 위한 법률적 구성요건을 말한다. 각 세목별 징수에 필요한 법률구성요건은 납세의무자·과세물건(＝과세대상·과세객체)·과세표준·세율이다.

㉡ **반대급부**(反對給付): 반대급부라함은 쌍무계약에 있어서 당사자의 일부의 급부에 대해 상대방의 급부를 서로 반대급부라 한다. 매매에 있어서 매도인의 목적물 소유권이전의무와 매수인의 대금지급의무는 반대급부 관계에 있다. 서로 반대급부의 채무를 부담하는 쌍무계약에 있어서는 동시이행의 항변권과 위험부담에 관한 규정의 적용을 받게 된다.

㉢ **부과**: 국가·지방자치단체의 장이 법에 따라 납세의무자에게 국세·지방세를 부담하게 하는 것을 말한다(지방세기본법 제2조 제1항 제17호).

㉣ **징수**: 과세관청이 세법 또는 관계법에 따라 납세자로부터 국세나 지방세 등 징수금을 거두어들이는 것을 말한다(지방세기본법 제2조 제1항 제18호).

MEMO

Chapter 02

조세의 분류

출제빈도 제2회, 제5회, 제6회, 제8회, 제9회, 제13회, 제20회, 제26회, 부동산학개론 제30회, 제33회, 제34회, 제35회

출제경향 조세의 분류는 절대적 암기로 제10회 이전엔 자주 출제되었으나, 제20회 이후엔 이해에 관한 내용을 발췌하여 출제되어, 4~5년 간격으로 1문제 출제되고 있다. 제30회와 제33회, 제34회에서는 1차 과목인 부동산 학개론에서 **취득·보유·양도의 구별** part가 출제되어 부동산학개론에서 도움되는 part이다.

중요도 조세의 분류는 문제론 자주 출제되지 않으나, 세금의 명칭은 알아야 세법을 공부할 수 있으니, 세금의 명칭을 아는 것으로 마무리... 허나 **납세지**는 중요하다.

(I) 과세주체에 따른 조세의 분류

과세주체에 따라 조세를 구분하면 국세와 지방세로 구분되며, 국가가 부과·징수하는 세목들을 국세라 하고, 지방자치단체가 부과·징수하는 세목들을 지방세라 한다.

- 국세: <u>소득세</u>·법인세·<u>종합부동산세</u>·부가가치세·상속세·증여세·개별소비세·인지세·주세·증권거래세
- 지방세: <u>취득세</u>·<u>등록면허세</u>·레저세·지방소비세·지방소득세·<u>재산세</u>·담배소비세·주민세·자동차세·<u>지역자원시설세</u>·<u>지방교육세</u>

기출 문제

1. 부동산 관련 조세에서 (   )에 들어갈 내용으로 옳은 것은? 부동산학개론 제30회

구 분	보유단계	취득단계	처분단계
국 세	(㉠)	상속세	(㉢)
지방세	(㉡)	취득세	—

① ㉠ 종합부동산세   ㉡ 재산세   ㉢ 양도소득세
② ㉠ 종합부동산세   ㉡ 양도소득세   ㉢ 재산세
③ ㉠ 재산세   ㉡ 종합부동산세   ㉢ 양도소득세
④ ㉠ 재산세   ㉡ 양도소득세   ㉢ 종합부동산세
⑤ ㉠ 양도소득세   ㉡ 재산세   ㉢ 종합부동산세

2. 부동산 관련 조세에 관한 설명으로 옳은 것을 모두 고른 것은? 부동산학개론 제33회

> ㉠ 양도소득세와 부가가치세는 국세에 속한다.
> ㉡ 취득세와 등록면허세는 지방세에 속한다.
> ㉢ 상속세와 재산세는 부동산 취득단계에 부과한다.
> ㉣ 증여세와 종합부동산세는 부동산의 보유단계에 부과한다.

① ㉠   ② ㉠, ㉡   ③ ㉡, ㉣
④ ㉠, ㉢, ㉣   ⑤ ㉡, ㉢, ㉣

Answer

1. ①
   ㉠ 국세로서 보유단계는 종합부동산세
   ㉡ 지방세로서 보유단계는 재산세
   ㉢ 국세로서 처분단계는 양도소득세
2. ② ㉠, ㉡
   ㉢ 상속세는 부동산취득단계 재산세는 부동산 보유단계
   ㉣ 증여세는 부동산 취득단계, 종합부동산세는 부동산 보유단계에서 부과한다.

(2) 납세지

① 부동산 관련 세목별 납세지

㉠ 「지방세법」에 따른 부동산 관련 세목별 납세지

ⓐ 취득세의 납세지 : 부동산을 취득한 경우의 취득세의 납세지는 부동산 소재지 특별시·광역시·도이다(도세의 위임징수 규정에 따라 시·군·구에 납입한다). 납세지가 불분명한 경우는 취득물건 소재지이다.

ⓑ 등록면허세의 납세지 : 부동산에 대한 권리의 설정·변경 또는 소멸에 관한 사항을 공부에 등기·등록하는 경우 등록면허세의 납세지는 부동산 소재지의 도이다(도세의 위임징수 규정에 따라 시·군·구에 납입한다). 납세지가 불분명한 경우는 등록관청 소재지이다.

ⓒ 재산세의 납세지 : 재산세의 납세지는 과세대상 재산의 소재지이다. 과세대상별로 구체적인 납세지는 다음과 같다.

> • 토지에 대한 재산세 납세지는 토지의 소재지를 관할하는 시·군·구이다.
> • 건축물에 대한 재산세 납세지는 건축물의 소재지를 관할하는 시·군·구이다.
> • 주택에 대한 재산세 납세지는 주택의 소재지를 관할하는 시·군·구이다.

㉡ 국세의 각 세법에 의한 납세지

ⓐ 「종합부동산세법」

> • 개인 또는 법인으로 보지 아니한 단체의 경우는 「소득세법」을 준용하여 거주자(용어해설 ㉠)의 주소지관할세무서로 납세지를 정한다.

- 법인 또는 법인으로 보는 단체의 경우는 「법인세법」 규정을 준용하여 법인의 본점 · 주사무소의 소재지 관할 세무서로 납세지를 정한다.
- 납세의무자가 비거주자(용어해설 ⓛ)인 개인 또는 외국법인으로서 국내사업장이 없고 국내원천소득이 발생하지 아니하는 주택 및 토지를 소유한 경우의 종합부동산세의 납세지는 그 주택 또는 토지의 소재지 관할세무서이다.

📖 용어해설

ⓐ **거주자**: 거주자란 국내에 주소를 두거나 국내에 183일 이상 거소를 둔 자로
ⓑ **비거주자**: 비거주자란 거주자가 아닌 자
거주자, 비거주자는 주소 또는 183일 이상 거소유무에 따라 거주자 · 비거주자를 판단하므로 거주자 여부는 국적이나 영주권 취득에는 관계없다.

　　ⓑ 「소득세법」
- 거주자인 경우는 거주자의 주소지 관할 세무서이다.
- 비거주자인 경우는 국내 사업장 소재지 관할 세무서이다.

요약정리 - 1

1. 부동산학개론을 위해 알아야 하는 국세 · 지방세

국세(소유자별)	소득세, 종합부동산세, 부가가치세, 상속세, 증여세 ⇨ 취득단계
지방세(물건별과세)	취득세, 등록면허세, 재산세

2. 보유단계 세목

보유단계	재산세, 지역자원시설세, 종합부동산세
국세＋보유	종합부동산세
지방세＋보유	재산세, 소방분 지역자원시설세

요약정리 - 2

1. 지방세의 납세지 ⇨ 소재지

취득세	납세지가 불분명	취득물건 소재지
등록면허세		등록관청 소재지

2. 2 이상 지자체에 걸친 경우의 납세지

취득세	**2 이상 지자체에 걸쳐**	소재지별 시가표준액비율로 배분
등록면허세		등록관청 소재지

등록면허세
같은 채권의 담보를 위하여 설정하는 둘 이상의 저당권을 등록하는 경우에는 이를 **하나의** 등록으로 보아 등록에 관계되는 재산을 **처음 등록하**는 등록관청 소재지를 납세지로 한다.

3. 국세의 납세지

국 세	거주자	주소지 관할세무서
	비거주자	토지 · 주택 소재지

4. 양도소득세의 납세의무

> ☑ ...**거주자**...**국외** 소득..국내 **5년 이상 주소**...양도소득납세의무 있다.
> ☑ ...**비거주자**...국내 소득 **만** ...납세의무 있다.

기출 문제 납세지

1. 거주자 甲은 2015년에 국외에 1채의 주택을 미화 1십만 달러(취득자금 중 일부 외화 차입)에 취득하였고, 2023년에 동 주택을 미화 2십만 달러에 양도하였다. 거주자 甲이 해당자산의 양도일까지 계속 5년 이상 국내에 주소를 둔 경우 甲은 국외주택의 양도에 대하여 양도소득세의 납세의무가 없다. (○, ×)   제32회

2. 종합부동산세의 납세의무자가 비거주자인 개인으로서 국내사업장이 없고 국내원천소득이 발생하지 아니하는 1주택을 소유한 경우 그 주택 소재지를 납세지로 정한다. (○, ×)

3. 부동산 등기에 대한 등록면허세의 납세지가 분명하지 아니한 경우에는 등록 관청 소재지를 납세지로 한다. (○, ×)   제33회

4. 납세의무자가 법인으로 보지 않는 단체인 경우 주택에 대한 종합부동산세납세지는 해당 주택의 소재지로 한다. (○, ×)   제33회

5. 거주자가 국내 상가건물을 양도한 경우 거주자의 주소지와 상가건물의 소재지가 다르다면 양도소득세 납세지는 상가건물의 소재지이다. (○, ×)   제26회

6. 같은 등록에 관계되는 재산이 둘 이상의 지방자치단체에 걸쳐 있어 등록면허세를 지방자치단체별로 부과할 수 없을 때에는 등록관청 소재지를 납세지로 한다. (○, ×)   제34회

Answer

1. ×, 납세의무가 있다.
2. ○
3. ○
4. ×, 거주자의 주소지
5. ×, 거주자의 주소지
6. ○

⑶ 조세의 독립성에 따른 분류

세원의 유무에 따라 조세를 분류하면 독립세와 부가세로 나누어진다. **부가세에는 교육세, 지방교육세, 농어촌특별세** 등이 있다.

▼ 부동산 관련 세목별 부가세

본 세	부가세	부가세의 세율
취득세	농어촌특별세	① 표준세율 1,000분의 20을 적용하여 산출한 취득세액의 100분의 10 ② 취득세의 감면받은 세액의 20%
	지방교육세	① 표준세율에서 1천분의 20을 뺀 세율을 적용하여 산출한 금액의 100분의 20 ② 유상거래를 원인으로 주택을 취득하는 경우에는 해당 세율에 100분의 50을 곱한 세율을 적용하여 산출한 금액의 100분의 20
등록면허세	지방교육세	납부세액의 100분의 20
	농어촌특별세	등록면허세 감면세액의 100분의 20
재산세	지방교육세	납부세액의 100분의 20
종합부동산세	농어촌특별세	납부세액의 100분의 20

⑷ 부동산 관련 조세

부동산의 경제활동 과정에 의해 부동산의 취득·처분으로 인한 과정에서 부과하는 유통과세와 부동산의 보유과정에 부과하는 보유과세로 구분할 수 있다.

구 분	부동산 취득 관련 조세	부동산 보유 관련 조세	부동산 양도 관련 조세
국 세	상속세, 증여세, 인지세, 농어촌특별세, 부가가치세	종합부동산세, 종합소득세, 농어촌특별세, 부가가치세	양도소득세, 농어촌특별세, 종합소득세, 인지세
지방세	취득세, 등록면허세, 지방교육세	재산세, 소방분 지역자원시설세, 지방교육세, 지방소득세, 재산분 주민세	지방소득세

요약정리 │ 취득, 보유, 양도단계의 구별

1. 취득, 보유, 양도 모두 관련 세목	농어촌특별세
2. 취득, 보유만 관련된 세목	지방교육세
3. 보유, 양도만 관련된 세목	종합소득세, 지방소득세

취득만 적용 세목 ⇨ 취득세, 등록면허세

보유만 적용 세목 ⇨ 종합부동산세, 재산세, 지역자원시설세

양도만 적용 세목 ⇨ 양도소득세

기출문제 │ 부동산 관련 조세

1. 부동산의 보유단계에서 과세되는 국세는? 제17회
① 재산세 ② 취득세 ③ 등록면허세
④ 양도소득세 ⑤ 종합부동산세

2. 국내소재 부동산의 보유단계에서 부담할 수 있는 세목은 모두 몇 개인가? 제30회

• 농어촌특별세	• 지방교육세
• 개인지방소득세	• 소방분에 대한 지역자원시설세

① 0개 ② 1개 ③ 2개
④ 3개 ⑤ 4개

Answer

1. ④ 양도소득세
2. ⑤ 모두 보유단계에 부담되는 세목이다.
   • 농어촌특별세 ⇨ 취득, 보유, 양도 공히 적용
   • 지방교육세 ⇨ 취득, 보유 공히 적용(양도는 적용되지 않음)
   • 개인지방소득세 ⇨ 보유, 양도 공히 적용(취득은 적용되지 않음)
   • 소방분에 대한 지역자원시설세 ⇨ 보유만 적용

Chapter 03 납세의무

납세의무는 각 세법이 정하는 과세요건의 충족, 즉 특정의 시기에 특정 사실 또는 상태가 존재함으로써 그 세금을 징수할 법적 근거인 세의 원천(물건 또는 행위)이 납세의무자에게 귀속됨으로써 세법이 정하는 바에 따라 **세의 원천이 발생하는 때에 성립**하며, 추상적 개념으로 성립된 납세의무는 **그 이후 과세표준과 세액이 확정되고 납부 등의 방법으로 소멸한다.**

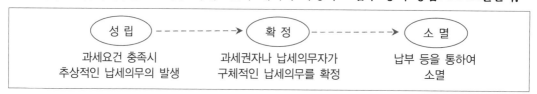

성 립	확 정	소 멸
과세요건 충족시 추상적인 납세의무의 발생	과세권자나 납세의무자가 구체적인 납세의무를 확정	납부 등을 통하여 소멸

1 납세의무 성립

❥ **각 세목별 납세의무의 성립시기**(「국세기본법」제21조, 「지방세기본법」제34조)

세 목	납세의무 성립시기
취득세	과세물건을 취득하는 때
등록면허세	재산권 등 그 밖의 권리를 등기 또는 등록하는 때
수시부과하는 세목	수시 부과사유가 발생하는 때
지방세에 가산되는 가산세	가산세를 가산할 사유가 발생하는 때

부는 본에 따른다.

국세에 가산되는 가산세	이를 가산할 국세의 납세의무가 성립하는 때
농어촌 특별세	본세의 납세의무가 성립하는 때
지방교육세	그 과세표준이 되는 세목의 납세의무가 성립하는 때
지방소득세	그과세표준이 되는 소득세의 납세의무가 성립하는 때

특수 경우		
소득세	과세기간 **끝나는 때**	
	예정신고 · 납부하는 양도소득세	그 과세표준이 되는 금액이 발생한 **달의 말일**
	중간예납하는 소득세	중간예납기간이 끝나는 때(6월 30일)
재산세 · 종합부동산세 · 지역자원시설세	과세기준일(6월 1일)	

> **주의** • 개인분 및 사업소분 주민세: 과세기준일(7월 1일)
> • 종업원분 주민세: 종업원에게 급여를 지급하는 때

참고 소득세

소득세는 개인에게 1과세기간 내에서 발생한 소득에 대해 과세한다. 이자소득 · 배당소득 · 근로소득 · 사업소득 · 연금소득 · 기타소득 · 양도소득 · 퇴직소득으로 열거하여 이 열거된 소득이 개인에 발생할 때 과세한다.

1. 종합과세: 이자소득 · 배당소득 · 근로소득 · 사업소득 · 연금소득 · 기타소득은 합산하여 **종합소득세로** 과세한다.
2. 분류과세: **양도소득** · 퇴직소득은 다른 소득과 합산하지 아니하고 구분과세한다.

주의

• 재산세에 부가되는 지방교육세의 성립시기 = 재산세의 성립시기(매년 6월 1일)
• 종합부동산세에 부가되는 농어촌 특별세의 납세의무 성립시기 = 재산세의 성립시기인 과세기준일(매년 6월 1일)
• 거주자의 양도소득에 대한 지방소득세 성립시기 = 소득세의 납세의무가 성립하는 때

기출문제 납세의무 성립

1. 다음 중 국세 · 지방세의 납세의무 성립시기를 틀리게 설명하는 것은?

① 취득세: 취득세 과세물건을 취득하고 60일이 되는 때
② 지방교육세: 과세표준이 되는 세목의 납세의무가 성립하는 때
③ 양도소득세: 과세기간이 끝나는 때
④ 지방세의 가산세: 가산할 지방세의 납세의무가 성립하는 때
⑤ 재산세: 과세기준일로서 6월 1일. 종합부동산세 또한 같다.

2. 국세 및 지방세의 납세의무성립시기에 관한 내용으로 옳은 것은?   제29회 변형

① 개인분 및 사업소분 주민세: 매년 7월 1일

② 거주자의 양도소득에 대한 지방소득세: 매년 3월 31일

③ 재산세에 부가되는 지방교육세: 매년 12월 31일

④ 중간예납하는 소득세: 매년 12월 31일

⑤ 종합부동산세: 재산세의 기준일로 매년 7월 1일

3. 상속으로 인한 부동산 취득의 경우 취득세의 납세의무는 상속개시일에 취득한 것으로 본다.

(○, ×)

Answer

1. ①, 취득세는 취득하는 때 성립
2. ① 옳은 내용이다.
   ② 거주자의 양도소득에 대한 지방소득세: 매년 12월 31일
   ③ 재산세에 부가되는 지방교육세: 매년 6월 1일
   ④ 중간예납하는 소득세: 매년 6월 30일
   ⑤ 종합부동산세: 재산세의 기준일로 매년 6월 1일
3. ○

2 납세의무 확정

(1) 납세의무 확정

납세의무의 확정이라 함은 조세의 납부 또는 징수를 위하여 세법이 정하는 바에 따라 납부할 세액을 납세의무자 또는 세무관청의 일정한 행위나 절차를 거쳐서 구체적으로 정하는 것을 말한다. 이러한 납세의무의 확정방법은 ① 신고납세제도 ② 결정하여 과세하는 제도 ③ 납세의무의 성립과 동시에 확정되는 경우가 있다.

> ㉠ 신고: 신고란 납세의무자의 신고로 세액이 확정되고 동시에 납부하게 하는 것을 말한다. 예외상으로 신고를 택하는 세목에서 신고를 이행하지 아니한 경우란 말이 있으면 과세권자가 가산세를 합하여 세액이 결정이 된다.
> ㉡ 결정: 결정이란 징수하는 자가(= 과세권자) 세액을 산정하여 고지서발부로 징수하는 것을 말한다.

다음 1.~3.의 국세는 성립과 동시에 확정된다.

> 1. 인지세
> 2. 원천징수하는 소득세
> 3. 납세조합이 징수하는 소득세

│ 요약정리 │ 납세의무 확정

문장에서 **확정(또는 세액 산정)**이라는 단어를 **문제** key로 잡고, 해당되는 세목이 **보유만** 적용세목이면 **결정(과세권자가 세액 산정)**이라는 단어가 있으면 원칙적으로 옳은 문장이다. **보유만** 외의 세목이면 **신고가 원칙**이다. 예외상으로 <u>신고를 택하는 세목에서 신고를 이행하지 아니한 경우</u>란 말이 있으면 <u>가산세에 가산하여 결정</u>된다.

❤ 납세의무확정시기

주요 세목	납세의무 확정시기
취득세	납세의무자가 **신고하는 때**
등록면허세	납세의무자가 **신고하는 때**
재산세	과세권자가 **결정하는 때**
종합부동산세	과세권자가 **결정**하는 때(예외로 **신고하고자 하는 자는 납부기간 12월 1일~12월 15일 내에 신고**한다. 이를 신고하는 때에는 정부의 결정이 없었던 것으로 본다)
소득세 (양도소득세, 종합소득세)	납세의무자가 **신고하는 때**
지역자원시설세	과세권자가 **결정하는 때**

(2) 납세의무 확정에 따른 부과 · 징수방법

① **신고 · 납부방법** : 신고와 동시에 납부 **예** 취득세 · 등록면허세 · 종합소득세 · 양도소득세
② **보통징수**(지방세＋결정) : 지방자치단체장의 세액<u>결정</u>에 의해 납세의무가 확정되어 세무공무원이 납세고지서를 당해 납세의무자에게 교부하여 징수하는 방법 **예** 재산세, 소방분 지역자원시설세
③ **지방세의 특별징수** : 특별징수란 국세에서는 유사하게 원천징수라 칭하는데 이는 지방세를 징수할 때 편의상 징수할 여건이 좋은 자로 하여금 징수하게 하고 그 징수한 세금을 징수한자(특별징수의무자)가 납부하게 하는 것을 말한다. 이에는 지방소득세가 있다.

기출 문제 납세의무 확정 · 부과징수

1. 양도소득세 납세의무의 확정은 납세의무자의 신고에 의하지 않고 관할세무서장의 결정에 의한다. (○, ×)
제33회

2. 종합부동산세를 신고납부방식으로 납부하고자 하는 납세의무자는 종합부동산세의 과세표준과 세액을 해당 연도 12월 1일부터 15일까지 관할세무서장에게 신고하여야 한다. (○, ×)
제33회, 제34회

3. 취득세의 징수는 보통징수의 방법으로 한다. (○, ×) 제33회

4. '보통징수'란 지방세를 징수할 때 편의상 징수할 여건이 좋은 자로 하여금 징수하게 하고 그 징수한 세금을 납부하게 하는 것을 말한다. (○, ×) 제31회

5. 원칙적으로 결정에 의하여 납세의무가 확정되는 지방세를 모두 고르면 몇 개인가?

㉠ 취득세	㉡ 종합부동산세
㉢ 재산세	㉣ 종합소득세

6. 재산세는 관할 지방자치단체의 장이 세액을 산정하여 보통징수의 방법으로 부과·징수한다. (○, ×) 제34회

Answer

1. ×, 신고로 세액 확정
2. ○
3. ×, 신고납부
4. ×, 특별징수의 설명이다.
5. 1개(㉢)
6. ○

(3) 제척기간

① **의의** : 제척기간이란 법정기간의 경과로서 당연히 부과권의 소멸을 가져오는 것을 말한다.

② **「국세기본법」상 제척기간** : 국세는 다음 ㉠㉡㉢㉣에 규정된 기간이 끝난 날 후에는 부과할 수 없다.

㉠ 납세자가 사기나 그 밖의 부정한 행위(용어해설 ㉠)로 국세를 포탈(逋脫)하거나 환급·공제받은 경우에는 그 국세를 부과할 수 있는 날부터 10년(역외 거래는 15년)

㉡ 납세자가 법정신고기한까지 과세표준신고서를 제출하지 아니한 경우에는 해당 국세를 부과할 수 있는 날부터 7년간

㉢ ㉠및 ㉡에 해당하지 아니하는 경우(과소신고·결정되는 국세)에는 해당 국세를 부과할 수 있는 날부터 5년간

㉣ 부담부증여(용어해설 ㉡)에 따라 증여세와 함께 양도소득세가 과세되는 경우는 다음 ⓐⓑⓒ를 제외하고는 부과할 수 있는 날로부터 10년간(ⓐⓑⓒ의 경우는 부과할 수 있는 날로부터 15년간으로 한다)

ⓐ 납세자가 부정행위로 증여세포탈(용어해설 ㉢) 또는 환급·공제받은 경우
ⓑ 증여세 신고서를 제출하지 아니한 경우
ⓒ 증여세 신고서 제출한 자가 거짓신고 또는 누락신고 한 경우(거짓신고 또는 누락신고한 부문만 해당)

Ⅲ 용어해설

○ **부정한 행위**(「국세기본법 시행령」 제12조의 2) : 납세자가 국세의 과세표준 또는 세액 계산의 기초가 되는 사실의 전부 또는 일부를 은폐하거나 가장한 것에 기초하여 국세의 과세표준 또는 세액 신고의무를 위반하는 것으로서 대통령령으로 정하는 아래의 방법(ⓐ~ⓕ 중 하나의 방법)을 부정행위라 한다.

　ⓐ 이중장부의 작성 등 장부의 거짓 기록

　ⓑ 거짓 증명 또는 거짓 문서의 작성

　ⓒ 거짓 증명 등의 수취(거짓임을 알고 수취한 경우만 해당한다)

　ⓓ 장부와 기록의 파기

　ⓔ 재산의 은닉이나 소득·수익·행위·거래의 조작 또는 은폐

　ⓕ 그 밖에 국세를 포탈하거나 환급·공제받기 위한 사기, 그 밖의 부정한 행위

○ **부담부증여**(負擔附贈與) : 부담부증여란 증여자의 채무를 수증자가 인수하는 것으로써 증여가액 중 그 채무액에 상당하는 부분은 그 자산이 유상으로 사실상 이전되는 것으로 본다(소득세법 제88조 제1호). 그 채무액 나머지 부분은 무상으로 소유권이 이전되는 경우로 증여이다. 다만, 배우자 간 또는 직계존비속 간의 부담부증여에 대하여는 수증자가 증여자의 채무를 인수하는 경우에도 그 채무액은 수증자에게 인수되지 아니한 것으로 추정한다(상속세 및 증여세법 제47조 제3항).

○ **증여세 포탈** : 증여에 의하여 재산이 무상으로 이전되는 경우에 부과되는 증여세를 사기나 기타 부정한 행위로 조세를 피하거나 면함을 말한다.

③ **「지방세기본법」상 제척기간** : 지방세는 대통령령으로 정하는 바에 따라 부과할 수 있는 날부터 다음 각 ⊙~ⓗ에서 정하는 기간이 만료되는 날까지 부과하지 아니한 경우에는 부과할 수 없다.

　⊙ 납세자가 <u>사기</u>나 그 밖의 <u>부정한 행위</u>로 지방세를 포탈하거나 환급 또는 경감 받은 경우에는 <u>10년</u>

　○ <u>상속을 원인으로 취득하는 경우로</u>(증여 포함) 법정신고기한까지 과세표준신고서를 제출하지 아니한 경우에는 <u>10년</u>

　ⓒ 부동산 실권리자명의 등기에 관한 법률에 따른 <u>명의신탁약정으로</u> 실권리자가 사실상 취득하는 경우로 법정신고기한까지 과세표준신고서를 제출하지 아니한 경우에는 <u>10년</u>

　ⓔ 타인의 명의로 법인의 주식 또는 지분을 취득하였지만 해당 주식 또는 지분의 실권리자인 자가 과점주주가 되어 해당 법인의 부동산 등을 취득한 것으로 보는 경우에는 10년

　ⓜ 납세자가 법정신고기한까지 <u>과세표준신고서를 제출하지 아니한 경우에는 7년</u>

　ⓗ 그 밖의 경우에는(<u>과소신고·보통징수의 경우</u>) <u>5년</u>

제척기간 기산일

지방세 부과제척기간의 기산일(지방세기본법시행령 제19조 제1항)

1. 신고납부하도록 규정된 지방세 : 신고기한의 다음 날

2. 1. 외의 지방세 : 납세의무성립일

┃요약정리┃ 제척기간

> 문장에서 "**제척기간은**" 마침표 앞에서 ..."**0년이 경과하면 부과할 수 없다**"로 나오면 "**제척기간의 문제구나**"라고 생각하고, 문장의 포인트를 잡는다.
>
> - ...**사기**나 그 밖의 **부정**..... ⇨ 10년
> - ...신고서를 제출하지 아니한 경우에는.... ⇨ 7년
> - ...과소신고 또는 **종합부동산세·재산세** ⇨ 5년

┃기출문제┃ 제척기간

> 1. 「지방세법」상 납세자가 법정신고기한까지 과세표준신고서를 제출하지 아니한 경우에 지방세 부과 제척기간은 5년이다. (○, ×) 제26회
>
> 2. 「국세기본법」상 사기나 그 밖의 부정한 행위로 주택의 양도소득세를 포탈하는 경우 국세부과의 제척기간은 이를 부과할 수 있는 날부터 몇 년간인가? 제26회
>
> 3. 납세자에게 부정행위가 없으며 특례제척기간에 해당하지 않는 경우 원칙적으로 납세의무성립일부터 3년이 지나면 종합부동산세를 부과할 수 없다. (○, ×) 제32회
>
> 4. 납세자가 「조세범 처벌법」에 따른 사기나 그 밖의 부정한 행위로 종합소득세를 포탈하는 경우(역외거래 제외) 그 국세를 부과할 수 있는 날부터 15년을 부과 제척기간으로 한다. (○, ×) 제34회
>
> 5. 종합부동산세의 경우 부과제척기간의 기산일은 과세표준과 세액에 대한 신고기한의 다음 날이다. (○, ×) 제34회

Answer

1. ×, 7년
2. 10년
3. ×, 5년이 지나면
4. ×, 10년
5. ×, 납세의무성립일

(4) 가산세

① **가산세**: "가산세(加算稅)"란 국세기본법 및 세법에서 규정하는 의무의 성실한 이행을 확보하기 위하여 세법에 따라 산출한 세액에 가산하여 징수하는 금액을 말한다(국세기본법 제2조 제4호).

　㉠ 정부는 세법에서 규정한 의무를 위반한 자에게 국세기본법 또는 세법에서 정하는 바에 따라 가산세를 부과할 수 있다(국세기본법 제47조 제1항).

    ⓛ 국세·지방세의 가산세는 해당 의무가 규정된 해당 국세·지방세의 세목으로 한다(「국세기본법」 제47조 제2항, 「지방세기본법」 제52조 제2항).

    ⓒ 가산세는 납부할 세액에 가산한다(국세기본법 제47조 제3항)

    ⓔ 해당 국세·지방세를 감면하는 경우, 가산세는 그 감면대상에 포함되지 아니한 것으로 한다(「국세기본법」 제47조 제2항, 「지방세기본법」 제52조 제3항).

② **가산세 적용**

  ㉠ 신고 관련 가산세

    ⓐ 「지방세기본법」 제53조(무신고가산세)

- 제1항 : 납세의무자가 법정신고기한까지 과세표준 신고를 하지 아니한 경우에는 그 신고로 납부하여야 할 세액(이 법과 지방세관계법에 따른 가산세와 가산하여 납부하여야 할 이자상당액이 있는 경우 그 금액은 제외하며, 이하 "무신고납부세액"이라 한다)의 100분의 20에 상당하는 금액을 가산세로 부과한다

- 제2항 : 제1항에도 불구하고 사기나 그 밖의 부정한 행위로 법정신고기한까지 과세표준 신고를 하지 아니한 경우에는 무신고납부세액의 100분의 40에 상당하는 금액을 가산세로 부과한다.

    ⓑ 「지방세기본법」 제54조(과소신고가산세, 초과환급가산세)

- 제1항 : 납세의무자가 법정신고기한까지 과세표준 신고를 한 경우로서 신고하여야 할 납부세액보다 납부세액을 적게 신고("과소신고")하거나 지방소득세 과세표준 신고를 하면서 환급받을 세액을 신고하여야 할 금액보다 많이 신고("초과환급신고")한 경우에는 과소신고한 납부세액과 초과환급신고한 환급세액을 합한 금액(이 법과 지방세관계법에 따른 가산세와 가산하여 납부하여야 할 이자상당액이 있는 경우 그 금액은 제외하며, 이하 "과소신고납부세액 등"이라 한다)의 100분의 10에 상당하는 금액을 가산세로 부과한다.

- 제2항 : 제1항에도 불구하고 신고 당시 소유권에 대한 소송으로 상속재산으로 확정되지 아니하여 과소신고한 경우에는 가산세를 부과하지 아니한다.

  ㉡ 납부 관련 가산세

    ⓐ 「지방세기본법」 제55조(납부지연가산세), 「국세기본법」 제47조의4(납부지연가산세) : 납세의무자가 "법정납부기한"까지 국세·지방세의 납부(중간예납·예정신고·납부·중간신고·납부를 포함한다)를 하지 아니하거나 납부하여야 할 세액보다 적게 납부(이하 "과소납부"라 한다)하거나 환급받아야 할 세액보다 많이 환급(이하 "초과환급"이라 한다)받은 경우에는 다음 각 ⓐ-1과 ⓐ-2의 금액을 합한 금액을 가산세로 한다.

    ⓐ-1 : 법정납부기한까지 납부하지 아니하거나 적게 납부한 경우

> 납부하지 아니한 세액 또는 과소납부분 세액 × 납부기한 다음 날로부터 자진납부일 또는 부과결정일까지의 기간 × 이자율(22/100,000)

ⓐ-2: 고지서의 납부기한까지 완납하지 아니한 경우에 한함

> 납부하지 아니한 세액 또는 과소납부분 세액 × 100분의 3(납세고지서에 따른 납부기한까지 완납하지 아니한 경우에 한정한다)

ⓒ 법인 장부작성 · 보존 관련 가산세(「지방세법」 제22조의2 제1항 장부 등의 작성과 보존)

ⓐ 취득세 납세의무가 있는 법인은 취득 당시의 가액을 증명할 수 있는 장부와 관련 증거서류를 작성하여 갖춰 두어야 한다(지방세법 제22조의2 제1항).

ⓑ 지방자치단체의 장은 취득세 납세의무가 있는 법인이 ⓐ에 따른 취득 당시의 가액을 증명할 수 있는 장부와 관련 증거서류를 작성하여 갖춰 두어야 하는 의무를 이행하지 아니하는 경우에는 산출된 세액 또는 부족세액의 100분의 10에 상당하는 금액을 징수하여야 할 세액에 가산한다(지방세법 제22조의2 제2항).

│ 요약정리 │ 가산세

1. 가산세란...의무의...산출한 세액에 가산하여
2. 해당 ○○세를 감면하는 경우, 가산세는 그 **감면대상에 포함시키지 아니**하는 것으로 한다.
   ...**적게신고**... 100분의 10금액을 가산세로 부과한다.
   ...**신고를 하지 아니한 경우**...100분의 20금액을 가산세
   ...**부정**...100분의 40금액을 가산세로 부과
   ...**법인이 장부작성의이행 불(不) 경우** ⇨ 10% **가산세**
   ...**납부하지 아니한 경우** ⇨ 납부지연 가산세

- **재산세**는 과세권자의 세액**결정**에 의하는 보통징수방법에 의하므로 신고 관련 **가산세규정이 적용되지 않**는다(수정신고, 기한 후 신고 없음).
- 종합부동산세는 무신고불성실가산세는 없으나, 과소신고가산세는 있다.
- 농어촌특별세 · 지방교육세는 신고에 관한 가산세 규정이 없다.

│ 기출 문제 │ 가산세

1. 납세의무자가 법정신고기한까지 양도소득세의 과세표준신고를 하지 아니한 경우(부정행위로 인한 무신고는 제외)에는 그 무신고납부세액에 100분의 20을 곱한 금액을 가산세로 한다. (○ , ×)   제33회

2. 취득세 납세의무가 있는 법인이 장부 등의 작성과 보존의무를 이행하지 아니하는 경우 산출세액의 100분의 20에 상당하는 가산세가 부과된다. (○ , ×)   제33회, 제24회, 제25회

3. 종합부동산세는 납세의무자는 선택에 따라 신고 · 납부할 수 있으나, 신고함에 있어 납부세액을 과소하게 신고한 경우라도 과소신고가산세가 적용되지 않는다. (○ , ×)   제29회

4. 「지방세기본법」상 가산세에 관한 내용으로 옳은 것은?　　　　제27회

① 무신고가산세(사기나 그 밖의 부정한 행위로 인하지 않은 경우): 납부세액의 100분의 20에 상당하는 금액

② 무신고가산세(사기나 그 밖의 부정한 행위로 인한 경우): 납부세액의 100분의 50에 상당하는 금액

③ 과소신고가산세(사기나 그 밖의 부정한 행위로 인하지 않은 경우): 과소신고분 세액의 100분의 20에 상당하는 금액

④ 과소신고가산세(사기나 그 밖의 부정한 행위로 인한 경우): 부정과소신고분 세액의 100분의 50에 상당하는 금액

⑤ 과소신고가산세: 납부하지 아니한 세액의 100분의 30에 상당하는 금액

5. 다음 중 무신고가산세가 부가되어 결정되는 조세는?

① 종합소득세　　　　② 재산세　　　　③ 종합부동산세

④ 소방분 지역자원시설세　　⑤ 재산세에 부가되는 지방교육세

Answer

1. ○
2. ×, 100분의 10 가산세
3. ×, 과소신고 가산세 가산
4. ① 옳은 내용이다.
   ② 100분의 40
   ③ 100분의 10
   ④ 100분의 40
   ⑤ 100분의 10
5. ①

(5) 기한 후 신고 · 수정신고

① **기한 후 신고**: 기한 후 신고란 법정신고기한 내에 과세표준신고서를 제출하지 않은 자로서 납부하여야 할 세액이 있는 자는 관할 장이 세법에 의하여 당해 국세·지방세의 과세표준과 세액을 결정하여 통지하기 전까지 기한 후 과세표준신고서를 제출할 수 있으며 기한 후 과세표준신고서를 제출한 자로서 납부하여야 할 세액이 있는 자는 그 세액을 납부하여야 한다(「국세기본법」 제45조의3, 「지방세기본법」 제51조 제1항).

　㉠ 감면

　　과세표준신고서를 법정신고기한까지 제출하지 아니한 자가 법정신고기한이 지난 후 기한 후 신고를 한 경우에는 다음 각 ⓐⓑⓒ의 구분에 따른 금액으로 감면한다(「국세기본법」 제48조 제2항 제2호, 「지방세기본법」 제57조 제2항 제2호).

　　ⓐ 법정신고기한이 지난 후 1개월 이내에 기한 후 신고를 한 경우는 무신고에 따른 가산세에서 100분의 50에 상당하는 금액을 감면한다. 납부 관련 가산세에서의 감면은 없다.

Ⓟ 법정신고기한이 지난 후 1개월 초과 3개월 이내에 기한 후 신고를 한 경우는 무신고에 따른 가산세에서 100분의 30에 상당하는 금액을 감면한다. 납부 관련 가산세에서의 감면은 없다.

Ⓠ 법정신고기한이 지난 후 3개월 초과 6개월 이내에 기한 후 신고한 경우는 무신고에 따른 가산세액의 100분의 20에 상당하는 금액을 감면한다. 납부 관련 가산세에서의 감면은 없다.

② 수정신고
　㉠ 법정신고기한까지 과세표준 신고서를 제출한 자 및 납기후의 신고한 자는 다음 각 ⓐⓑ의 어느 하나에 해당할 때에는 관할 장이 「지방세법」·국세의 해당 법에 따라 그 지방세·국세의 과세표준과 세액을 결정 또는 경정하여 통지를 하기 전까지는 과세표준 수정신고서를 제출할 수 있다(「국세기본법」 제45조 제1항, 「지방세기본법」 제49조 제1항).
　ⓐ 과세표준신고서에 기재된 과세표준 및 세액이 지방세관계법에 따라 신고하여야 할 과세표준 및 세액보다 적을 때
　ⓑ 과세표준신고서에 기재된 환급세액이 지방세관계법에 따라 신고하여야할 환급세액을 초과할 때
　㉡ 감 면
　ⓐ 관할 장은 다음 각 어느 하나에 해당하는 경우에는 「국세기본법」 또는 「지방세기본법」에 따른 해당 가산세액에서 다음 각 목의 구분에 따른 금액을 감면한다.

> 과세표준 신고서를 법정신고기한까지 제출한 자가 법정신고기한이 지난 후 2년 이내에 수정신고한 경우에는 다음 각 목의 구분에 따른 금액을 감면한다(「국세기본법」 제48조 제2항 1호, 「지방세기본법」 제57조 제2항 제1호).
> • 법정신고기한이 지난 후 1개월 이내에 수정신고한 경우: 해당 가산세액의 100분의 90에 상당하는 금액
> • 법정신고기한이 지난 후 1개월 초과 3개월 이내에 수정신고한 경우: 해당 가산세액의 100분의 75에 상당하는 금액
> • 법정신고기한이 지난 후 3개월 초과 6개월 이내에 수정신고한 경우: 해당 가산세액의 100분의 50에 상당하는 금액
> • 법정신고기한이 지난 후 6개월 초과 1년 이내에 수정신고한 경우: 해당 가산세액의 100분의 30에 상당하는 금액
> • 법정신고기한이 지난 후 1년 초과 1년 6개월 이내에 수정신고한 경우: 해당 가산세액의 100분의 20에 상당하는 금액
> • 법정신고기한이 지난 후 1년 6개월 초과 2년 이내에 수정신고한 경우: 해당 가산세액의 100분의 10에 상당하는 금액

　ⓑ 취득세 납세의무자가 취득세 신고기한까지 취득세를 시가인정액으로 신고한 후 지방자치단체의 장이 세액을 경정하기 전에 그 시가인정액을 수정신고한 경우에는 과소신고 가산세를 부과하지 아니한다.

[요점정리] 기한 후 신고

기한 후 신고(무신고시 −자수한 경우로 생각)
- 대상자 ⇨ 신고기한까지 신고서를 제출하지 **아니**한 자
- 적용되는 경우 ⇨ 무신고의 경우
- 기한 ⇨ 결정하여 통지를 하기 전까지는 과세표준 기한 후 신고서를 제출할 수 있다.
- 감면 ⇨ **무신고불성실가산세**에서 **감면**

[요점정리] 수정신고

수정신고(과소신고 − 자수)
- 대상자 ⇨ 신고한 자(납기 후 신고 포함)
- 적용되는 경우 ⇨ 과소신고의 경우
- 기한 ⇨ 경정하여 통지 전까지 수정신고서를 제출할 수 있다.
- 감면 ⇨ **과소불성실가산세**에서 **감면**

[기출문제] 기한 후 신고 · 수정신고

1. 「지방세법」의 규정에 의하여 기한 후 신고를 한 경우, 납부지연가산세의 100분의 50을 경감한다. (○, ×)
제17회

2. 취득세의 기한 후 신고는 법정신고기한까지 신고한 경우에 한하여 할 수 있다. (○, ×)
제21회

Answer
1. ×, 무신고 가산세에서 감면
2. ×, 기한 후 신고는 무신고 경우에 할 수 있다.

3 납세의무 소멸

구 분	소멸사유	개 념
조세채권의 실현	① 납부	세액을 정부에 납부하는 것
	② 충당	국세 등을 국세환급금과 상계하는 것
조세채권의 미실현	③ 부과의 취소	유효하게 행해진 부과처분을 당초의 처분시점으로 소급하여 효력을 상실시키는 과세관청의 처분
	④ 제척기간 만료	국세부과권의 존속기간이 만료
	⑤ 소멸시효 완성	국세징수권을 일정기간동안 미행사의 경우 소멸된다.

(1) 소멸시효

> 국세징수권을 다음의 ①~③ 기간동안 미행사 경우 납세의무가 소멸한다.
> ① 일반적 경우 국세·지방세: 5년
> ② 5억원 이상의 국세: 10년
> ③ 가산세를 제외한 지방세의 금액이 5천만원 이상: 10년

(2) 소멸시효의 기산일

> ① 과세표준과 세액의 신고에 의하여 납세의무가 확정되는 경우
>   과세표준과 세액의 <u>신고에 의하여 납세의무가 확정</u>되는 경우는 국세·지방세 징수권을 행사할 수 있는 때는 납세의무자가 확정신고한 법정 <u>**신고납부기한의 다음 날**</u>
> ② 과세표준과 세액을 정부가 결정하는 경우
>   과세표준과 세액을 <u>**정부가 결정하는 경우는**</u> 정부가 납세고지한 세액에 대한 국세·지방세징수권을 행사할 수 있는 때는 그 납세고지서에 따른 **납부기한의 다음 날**이다.

비교 **납세의무 승계**

> 납세의무의 승계란 본래의 납세의무자가 소멸 또는 사망함에 따라 납세의무가 본래의 납세의무자 이외의 자에게로 이전되는 것을 말한다. 이러한 납세의무의 승계는 당사자의 의사에 관계없이 법정요건의 충족에 의해 강제승계되므로 별도의 절차를 필요로 하지 않는다. 이러한 <u>납세의무가 승계되는 경우는 **합병과 상속**의 두 가지이다.</u>

비교 **납세의 소멸 사유가 아닌 경우**

> 다음 ㄱㄴㄷㄹ에 해당하는 경우에는 납세의무를 소멸시키지 못한다.
> ㄱ 사망, ㄴ 결손처분, ㄷ 부과철회, ㄹ 법인합병

기출 문제 납세의무 소멸

1. 「지방세기본법」상 지방자치단체의 징수금을 납부할 의무가 소멸되는 것은 모두 몇 개인가? 제28회

> ㄱ 납부·충당되었을 때
> ㄴ 지방세 징수권의 소멸시효가 완성되었을 때
> ㄷ 법인이 합병한 때
> ㄹ 지방세부과의 제척기간이 만료되었을 때
> ㅁ 납세의무자의 사망으로 상속이 개시된 때

① 1개   ② 2개   ③ 3개
④ 4개   ⑤ 5개

3. 국세기본법령 및 지방세기본법령상 국세 또는 지방세 징수권의 소멸시효에 관한 설명으로 옳은 것은? 제35회

① 가산세를 제외한 국세가 10억원인 경우 국세징수권은 5년 동안 행사하지 아니하면 소멸시효가 완성된다.

② 가산세를 제외한 지방세가 1억원인 경우 지방세징수권은 7년 동안 행사하지 아니하면 소멸시효가 완성된다.

③ 가산세를 제외한 지방세가 5천만원인 경우 지방세징수권은 5년 동안 행사하지 아니하면 소멸시효가 완성된다.

④ 납세의무자가 양도소득세를 확정신고하였으나 정부가 경정하는 경우, 국세징수권을 행사할 수 있는 때는 납세의무자가 확정신고한 법정 신고납부기한의 다음 날이다.

⑤ 납세의무자가 취득세를 신고하였으나 지방자치단체의 장이 경정하는 경우 납세고지한 세액에 대한 지방세징수권을 행사할 수 있는 때는 그 납세고지서에 따른 납부기한의 다음 날이다.

3. 과세기간별로 이미 납부한 확정신고세액이 관할세무서장이 결정한 양도소득 총결정세액을 초과한 경우 다른 국세에 충당할 수 없다. (○, ×) 제33회

Answer

1. ③ ㉠, ㉡, ㉣으로 3개
2. ⑤ 옳은 지문이다.
   ① 가산세를 제외한 국세가 10억원인 경우 국세징수권은 10년 동안 행사하지 아니하면 소멸시효가 완성된다.
   ② 가산세를 제외한 지방세가 1억원인 경우 지방세징수권은 10년 동안 행사하지 아니하면 소멸시효가 완성된다.
   ③ 가산세를 제외한 지방세가 5천만원인 경우 지방세징수권은 10년 동안 행사하지 아니하면 소멸시효가 완성된다.
   ④ 납세의무자가 양도소득세를 확정신고하였으나 정부가 경정하는 경우, 국세징수권을 행사할 수 있는 때는 그 고지에 따른 납부기한의 다음 날이다.
3. ×, 충당할 수 있다.

Chapter 04 조세채권과 타채권과의 관계

① 우선권의 개요

(1) 지방세의 우선 징수(「지방세법」 제71조)

지방자치단체의 징수금은 다른 공과금과 그 밖의 채권에 우선하여 징수한다. 다만, 다음 각 ①②의 어느 하나에 해당하는 공과금(용어해설 ⓒ)과 그 밖의 채권에 대해서는 우선 징수하지 아니한다.

> 지방자치단체의 징수금이란 체납처분비, 지방세, 가산세를 말한다(지방세기본법 제2조 제1항 제22호). 징수금에 대한 징수의 순서는 체납처분비(용어해설 ㉠)·지방세·가산세의 순으로 한다(지방세징수법 제4조).
>
> ### 제1순위 : 체납처분비 ⇨ 제2순위: 지방세 ⇨ 제3순위: 가산세
>
> **용어**
> ㉠ 체납처분비 : 체납처분비란 국세징수법 중 체납처분에 관한 규정에 따른 재산의 압류, 보관, 운반과 매각에 든 비용을 말한다. 이는 열거된 비용이니 실제로 체납처분에 소요된 공무원의 급료, 여비, 용지대, 교부청구비 등은 체납처분비에 포함시키지 않는다.
> ㉡ 공과금 : "공과금"이란 「지방세징수법」 또는 「국세징수법」에서 규정하는 체납처분의 예에 따라 징수할 수 있는 채권 중 국세·관세·임시수입부가세 및 지방세와 이에 관계되는 가산금 및 체납처분비를 제외한 것을 말한다(지방세기본법 제2조 제1항 제26호).

① 국세 또는 공과금의 체납처분을 하여 그 체납처분 금액에서 지방자치단체의 징수금을 징수하는 경우의 그 국세 또는 공과금의 체납처분비

② 강제집행·경매 또는 파산절차에 따라 재산을 매각하여 그 매각금액에서 지방자치단체의 징수금을 징수하는 경우의 해당 강제집행·경매 또는 파산절차에 든 비용

(2) 압류에 의한 우선(「지방세기본법」 제73조)

① 지방자치단체의 징수금의 체납처분에 의하여 납세자의 재산을 압류한 후 다른 지방자치단체의 징수금 또는 국세의 교부청구가 있으면 압류에 관계되는 지방자치단체의 징수금은 교부청구한 다른 지방자치단체의 징수금 또는 국세에 우선하여 징수한다.

② 다른 지방자치단체의 징수금 또는 국세의 체납처분에 의하여 납세자의 재산을 압류한 후 지방자치단체의 징수금 교부청구가 있으면 교부청구한 지방자치단체의 징수금은 압류에 관계되는 지방자치단체의 징수금 또는 국세의 다음으로 징수한다.

⑶ 담보가 있는 조세의 우선(「지방세기본법」 제74조)

납세담보가 되어 있는 재산을 매각하였을 때에는 제73조에도 불구하고 해당 지방자치단체에서 다른 지방자치단체의 징수금과 국세에 우선하여 징수한다.

> ☑ 납세담보가 있는 경우의 우선 순위
>
> 1순위: 담보된 조세 ⇨ 2순위: 압류된 조세 ⇨ 3순위: 교부 청구한 조세

2 지방세 우선권의 제한 − 직접경비의 우선

⑴ 공익비용의 우선

강제집행·경매 또는 파산절차에 따른 재산의 매각에서 그 매각금액 중 지방자치단체의 징수금을 징수하는 경우의 해당 강제집행·경매 또는 파산절차에 든 비용은 지방세·가산금·체납처분비에 우선한다.

> ☑ 징수순서
> 강제집행·경매 또는 파산절차에 소요된 비용 ⇨ 체납처분비 ⇨ 국세(지방세) ⇨ 가산세

⑵ 피담보채권의 우선

법정기일 전에 전세권·질권·저당권의 설정을 등기·등록한 사실 또는 「주택임대차보호법」 및 「상가건물 임대차보호법」 규정에 따른 대항요건과 임대차계약증서상의 확정일자를 갖춘 사실이 증명되는 재산의 매각에서 그 매각금액 중 지방세와 가산세(그 재산에 대하여 부과된 지방세와 가산세는 제외한다)를 징수하는 경우의 그 전세권·질권·저당권에 따라 담보된 채권, 등기 또는 확정일자를 갖춘 임대차계약증서상의 보증금에 대하여는 우선하지 못한다(「국세기본법」 제35조 제1항 제3호 및 「지방세기본법」 제71조 제1항 제3호).

> ☑ 법정기일
> 법정기일이란 조세채권과 피담보채권 간의 우선 여부를 결정하는 기준으로서 다음의 날을 말한다.
> 1. 신고에 의하여 납세의무가 확정되는 지방세의 경우 ⇨ 그 신고일
> 2. 지방자치단체가 결정·경정 또는 수시부과결정하는 경우에 고지한 해당 세액 ⇨ 그 납세고지서의 발송일

① 이때 법정기일 전에 담보된 피담보채권은 지방세(또는 국세)·가산세에는 우선하여 징수되지만 체납처분비에는 우선하지 못한다.

❥ 법정기일 전 피담보채권 설정의 경우 순위 ⇨ 국세·지방세보다 피담보채권이 우선한다.

1순위: 체납처분비 ⇨ 2순위: 피담보채권 ⇨ 3순위: 지방세, 가산세

❥ 법정기일 후 피담보채권 설정의 경우 순위 ⇨ 국세·지방세가 피담보채권보다 우선한다.

1순위: 체납처분비 ⇨ 2순위: 지방세, 가산세 ⇨ 3순위: 피담보채권

② 주의 당해 재산에 부과된 <u>종합부동산세, 재산세</u>, 상속세, 증여세, <u>소방분 지역자원시설세는</u> 설정시기에 관계없이 다른 채권(<u>저당권의 설정을 등기한 담보채권</u>)보다 항상 우선하여 징수한다. 단, 주택 임차인의 확정일자보다 법정기일이 늦은 당해세는 주택임차 보증금이 우선한다.

▌요약정리▐ 당해세

1. 당해세란 해당 재산에 부과된 세목들이다. 주택, 건축물, 토지 같은 재산이 경매로 넘어갈 때 **피담보채권보다 우선**하여 국가 또는 지방자치단체가 먼저 가져가는 세목으로 국세에는 상속세, 증여세, **종합부동산세**가 있고, 지방세에는 **재산세**, 소방분 **지역자원시설세**가 있다.
2. 단, 주택 임차인의 확정일자보다 법정기일이 늦은 당해세는 **주택임차 보증금이 우선**한다.
3. 당해세를 제외한 나머지 세목에 대해 법정기일 전 피담보채권 설정의 경우는 국세·지방세보다 피담보채권이 우선한다.

▌기출문제▐ 당해세

1. 법정기일 전에 저당권의 설정을 등기한 사실이 등기사항증명서(부동산등기부 등본)에 따라 증명되는 재산을 매각하여, 그 매각금액에서 국세 또는 지방세를 징수하는 경우, 그 재산에 대하여 부과되는 다음의 국세 또는 지방세 중 저당권에 따라 담보된 채권에 우선하여 징수하는 것은 모두 몇 개인가?   제30회

• 종합부동산세	• 취득세에 부가되는 지방교육세
• 등록면허세	• 부동산 임대에 따른 종합소득세
• 소방분 지역자원시설세	

① 1개   ② 2개   ③ 3개
④ 4개   ⑤ 5개

2. 취득세신고서를 납세지 지방자치단체장에게 제출하기 전 날에 저당권 설정등기 사실이 증명되는 재산을 매각하여 그 매각 대금에서 취득세를 징수하는 경우, 저당권에 담보된 채권은 취득세에 우선하여 징수한다. (○, ×)   제29회

3. 재산의 매각대금 배분시 당해 재산에 부과된 재산세는 당해 재산에 설정된 저당권에 따라 담보된 채권보다 우선하여 징수한다. (○, ×) 제29회

4. 국세기본법령 및 지방세기본법령상 조세채권과 일반채권의 우선관계에 관한 설명으로 틀린 것은? 제35회
① 취득세의 법정기일은 과세표준과 세액을 신고한 경우 그 신고일이다.
② 토지를 양도한 거주자가 양도소득세 과세표준과 세액을 예정신고한 경우 양도소득세의 법정기일은 그 예정신고일이다.
③ 법정기일 전에 전세권이 설정된 사실은 양도소득세의 경우 부동산등기부 등본 또는 공증인의 증명으로 증명한다.
④ 주택의 직전 소유자가 국세의 체납 없이 전세권이 설정된 주택을 양도하였으나, 양도 후 현재 소유자의 소득세가 체납되어 해당 주택의 매각으로 그 매각금액에서 소득세를 강제징수하는 경우 그 소득세는 해당 주택의 전세권담보채권에 우선한다.
⑤ 「주택임대차보호법」 제8조가 적용되는 임대차관계에 있는 주택을 매각하여 그 매각금액에서 지방세를 강제징수하는 경우에는 임대차에 관한 보증금 중 일정액으로서 같은 법에 따라 임차인이 우선하여 변제받을 수 있는 금액에 관한 채권이 지방세에 우선한다.

Answer

1. ② 보기에서 피담보채권의 설정등기 일자에 관계없이 항상 담보된 채권보다 우선하여 징수하는 세목은 종합부동산세, 소방분 지역자원시설세로 2개이다.
2. ○
3. ○
4. ④ 주택의 직전 소유자가 국세의 체납 없이 전세권이 설정된 주택을 양도하였으나, 양도 후 현재 소유자의 소득세가 체납되어 해당 주택의 매각으로 그 매각금액에서 소득세를 강제징수하는 경우 그 소득세는 해당 주택의 전세권담보채권에 우선하지 못한다(국세기본법 제35조 제1항 제3의2호).

박문각 공인중개사

PART

02

지방세

취득세

취득세의 개념

1 취득세의 의의

취득세란 재산의 증가력이라는 취득행위(<u>취득으로 이루어지는 등기 · 등록을 포함</u>)를 갖추었을 때 부과 · 징수하는 <u>지방세로서 도세이고 보통세</u>이다.

> **지방세법 제6조 【정 의】** 취득세에서 사용하는 용어의 뜻은 다음과 같다.
> 1. "취득"이란 매매, 교환, 상속, 증여, 기부, 법인에 대한 현물출자, 건축, 개수(改修), 공유수면의 매립, 간척에 의한 토지의 조성 등과 그 밖에 이와 유사한 취득으로서 원시취득(수용재결로 취득한 경우 등 과세대상이 이미 존재하는 상태에서 취득하는 경우는 제외한다), 승계취득 또는 **유상 · 무상의 모든 취득**을 말한다.

2 사실과세(실질과세)

취득세는 부동산 등 소유권의 변동 과정에서 소유권 취득하는 자의 <u>등기 · 등록에 관계없이</u> 사실상**의 재산의 증가에 대하여 부과하므로 사실과세**이다.

| 요약정리 | **사실과세**

> 사실과세(= 실질과세) ⇨ 등기등록에 관계없이
>
> **| 문제푸는 요령 |**
>
> 등록면허세를 제외한 나머지 세목에서 **미등기**란 말이 있으면 끝말은 **과세한다**. 또 공부상현황과 사실상현황이 다르다면 사실에 따른다.
>
> > **주의** 재산세에서 재산세의 과세대상 물건을 **공부상 등재현황과 달리 이용** 또는 **허가 등을 받지 않고** 재산세의 과세대상 물건을 이용 또는 **일시적으로 공부상 등재현황과 달리 사용**함으로 **재산세의 세부담이 낮아지는 경우**는 <u>공부상 등재현황</u>에 따라 재산세를 부과한다.

3 면세점

① 취득세의 면세점은 취득가액이 50만원 이하인 경우로서, 취득가액이 50만원 이하인 경우에는 취득세를 부과하지 아니한다.

② 토지를 취득한 자가 그 취득한 날부터 1년 이내에 그에 인접한 토지를 취득한 경우 그 전후의 취득에 관한 토지의 취득을 1건의 토지 취득으로 보아 취득세에 대한 면세점을 적용한다.

4 부가세

취득세의 부가세로는 농어촌 특별세와 지방교육세이다.

5 납세지

① **부동산**: 부동산 소재지

② 납세지가 분명하지 아니한 경우에는 해당 취득물건의 소재지를 그 납세지로 한다.

③ 같은 취득물건이 둘 이상의 시·군·구에 걸쳐 있는 경우 각 시·군·구에 납부할 취득세를 산출할 때 그 과세표준은 취득 당시의 가액을 취득물건의 소재지별 시가표준액 비율로 나누어 계산한다.

6 부과·징수방법

(1) **원칙**: 취득세의 징수는 신고납부의 방법으로 한다(지방세법 제18조).

> **출제빈도** 제16회, 제17회, 제18회, 제20회, 제22회, 제24회, 제25회, 제27회, 제31회, 제32회, 제33회
> 시험범위 내의 지방세에서 신고납부되는 세목은 취득세와 등록면허세이다. 취득세의 부과징수방법은 신고납부로 법정 신고납부기간이 취득세의 총괄적 문제에서 출제되고 있으며, 가산세와 연관되어 출제되고 있다. 취득세의 신고납부기간을 알면 등록면허세는 금방 알게되고 비교된다.

(2) **중요** **신고·납부기한**

① **원칙**: 취득일로부터 **60일 내에 신고·납부**

> ❥ 토지거래계약에 관한 허가구역에 있는 토지를 취득하는 경우
>
> 토지거래계약에 관한 허가구역에 있는 토지를 취득하는 경우로서 토지거래계약에 관한 허가를 받기 전에 거래대금을 완납한 경우에는 그 허가일이나 허가구역의 지정 해제일 또는 축소일로부터 60일 이내에 과세표준에 세율을 적용하여 산출한 세액을 신고하고 납부해야 한다.

▼ 통 보

> **매각통보 등**(지방세법 제19조)
> 국가, 지방자치단체, 지방자치단체의 투자기관은 취득세 과세물건을 매각(연부로 매각한 것을 포함한다)하면 매각일부터 30일 이내에 대통령령으로 정하는 바에 따라 그 물건 소재지를 관할하는 지방자치단체의 장에게 통보하거나 신고하여야 한다.

② **예 외**

㉠ 상속으로 취득 : 상속으로 취득한 경우는 상속개시일이 속하는 **달의 말일부터**(실종으로 인한 경우는 실종선고일이 속하는 달의 말일부터) 6개월 이내에 그 과세표준에 세율을 적용하여 산출한 세액을 **신고하고 납부**하여야 한다. 다만, 상속인 중 1인 이상이 외국에 주소를 둔 경우에는 각각 9개월 이내에 그 과세표준에 세율을 적용하여 산출한 세액을 신고하고 납부하여야 한다.

㉡ 증여(부담부 증여 포함)로 취득 : 무상취득(상속은 제외한다)으로 인한 경우는 취득일이 속하는 달의 말일부터 3개월 이내에 신고하고 납부하여야 한다.

㉢ 등기 · 등록의 경우 : **신고 · 납부기한 이내에** 재산권과 그 밖의 권리의 취득 · 이전에 관한 사항을 공부(公簿)에 등기하거나 등록[등재(登載)를 포함한다]하려는 경우에는 등기 또는 등록 신청서를 등기 · 등록관서에 접수하는 날까지 취득세를 신고 · 납부하여야 한다.

㉣ 추가신고 · 납부기간(후발적 사유에 해당되는 경우의 의미)

ⓐ 일반세율이 적용되는 취득세 **과세물건을 취득한 후 당해 과세물건이 중과세율적용대상된 때** 중과세율 적용대상이 된 날부터 60일 이내에 중과세율을 적용하여 산출한 세액에서 이미 납부한 세액(가산세를 제외한다)을 공제한 금액을 세액으로 하여 **신고하고 납부하여야 한다.**

> 추가신고 · 납부세액 = (과세표준 × 중과세율) − 기납부세액(가산세 제외)

ⓑ 취득세를 비과세 · 과세면제 또는 경감받은 후 당해 과세물건이 취득세과세대상 또는 추가징수대상이 된 때 ⇨ **사유발생일로부터 60일 이내로** 당해 과세물건의 과세표준에 해당세율을 적용하여 산출한 세액에 이미 납부한 세액(가산세를 제외한다)을 공제한 금액을 세액으로 하여 신고하고 납부하여야 한다.

㉤ 채권자 대위자 : 「부동산 등기법」에 따라 채권자 대위권에 의한 등기신청하려는 **채권자 대위자는 납세의무자를 대위하여 부동산 취득에 대한 취득세를 신고 · 납부**할 수 있다. 이 경우 납세의무자에게 그 사실을 즉시 통보해야 한다.

┃ 요약정리 ┃ 취득세 신고납부

취득세 신고납부		
일반적인 경우	취득일~**60일 내** 신고납부	
토지허가구역 내에서 허가받기 전에 대금 완납한 경우	허가일~60일 내 신고납부	
취득 후 중과세율 적용	60일 내 신고납부	**가산세 제외**
비과세받은 후 부과 경우		
예외	**상속**으로 취득	상속개시일이 속하는 **달의 말일~6개월** 내
	증여로 취득(부담부증여 포함)	취득일이 속하는 **달의 말일~3개월** 내
	신고납부기한 내에 공부에 **등기·등록** 하려는 경우	등기·등록 **신청서 접수하는 날까지** 신고납부

┃ 문제푸는 요령 ┃

마침표 앞에 또는 ○○은 앞에 "취득세 **신고납부**"를 문제 key로 잡고 **상속** 단어가 있으면 상속개시일이 속한 **달의 말일**로부터 6개월 내, '**증여**' 단어가 있으면 취득일이 속한 **달의 말일**로부터 3개월 내, **등기, 등록** 단어가 있으면 **신청서 접수** 날까지 신고납부이다. **상속, 증여, 등기, 등록** 단어가 **없으면** 일반적 경우로 60일 내 **신고납부이다.**

(3) **신고납부방법의 예외**: 보통징수

취득세 납세의무자가 위의 **신고 또는 납부의무를 다하지 아니하면** 산출세액 또는 그 부족세액에 「지방세기본법」 제53조의2부터 제53조의4까지의 규정에 따라 산출한 **가산세를 합한** 금액을 세액으로 하여 **보통징수의 방법으로 징수**한다.

① 신고 관련 가산세
  ㉠ 「지방세법」 제53조의2(무신고가산세)
    ⓐ 납세의무자가 법정신고기한까지 과세표준 **신고를 하지 아니한 경우**에는 그 신고로 납부하여야 할 세액(이 법과 지방세관계법에 따른 가산세와 가산하여 납부하여야 할 이자 상당 가산액이 있는 경우 그 금액은 제외하며, 이하 "무신고·납부세액"이라 한다)의 **100분의 20에 상당하는 금액을 가산세**로 부과한다.
    ⓑ **사기**나 그 밖의 **부정**한 행위로 법정신고기한까지 과세표준 신고를 하지 아니한 경우에는 무신고·납부세액의 100분의 40에 상당하는 금액을 가산세로 부과한다.
  ㉡ 「지방세법」 제54조(과소신고가산세): 납세의무자가 법정신고기한까지 과세표준 신고를 한 경우로서 신고하여야 할 납부세액보다 적게 신고("과소신고"라 한다)한 경우에는 "과소신고·납부세액 등"의 100분의 10에 상당하는 금액을 가산세로 부과한다.

② 「지방세법」 제22조의2(장부 등의 작성과 보존)

　　㉠ 취득세 납세의무가 있는 법인은 취득 당시의 가액을 증명할 수 있는 장부와 관련 증거서류를 작성하여 갖춰 두어야 한다.

　　㉡ 지방자치단체의 장은 취득세 납세의무가 있는 법인이 ㉠에 따른 <u>취득 당시의 기액을 증명할 수 있는 장부와 관련 증거서류를 작성하여 갖춰 두어야 하는</u> 의무를 이행하지 아니하는 경우에는 산출된 세액 또는 부족세액의 <u>100분의 10에 상당하는 금액을 징수하여야 할 세액에 가산</u>한다.

③ **중가산세**

　　㉠ 취득세 납세의무자가 취득세 **과세물건을 사실상 취득한 후 신고를 하지 않고 매각**하는 경우에는 **산출세액에 80%를** 가산한 세액을 **보통징수방법**에 의하여 부과·징수한다.

　　㉡ 중가산세에서 제외되는 재산

　　　　ⓐ 취득일부터 <u>취득신고를 한 후 매각</u>한 과세물건

　　　　ⓑ 취득세 과세물건 중 <u>등기 또는 등록이 필요하지 아니하는 과세물건</u>(골프 회원권, 승마 회원권, 콘도미니엄 회원권 및 종합체육시설 이용 회원권은 제외한다)

　　　　ⓒ 지목변경, 차량·기계장비 또는 선박의 종류 변경

　　　　ⓓ **주식 등의 취득 등** 취득으로 보는 과세물건

｜ 문제푸는 요령 ｜

취득세의 문제에서 "**신고하지 아니하고 매각**"이란 구절을 **문제의 키**로 잡고, 앞에 **등기된** 또는 토지**지목변경**, **주식**이란 단어가 있는지 없는지 찾아보고 없으면 중가산세(산출세액의 80%)**가산**하여 보통징수 방법으로 부과징수한다. **등기된** 또는 토지**지목변경**, **주식**이란 단어가 **있으면 중가산세**(산출세액의 80%)는 **제외**된다.

［기출 문제］ 취득세 부과징수

1. 납세의무자가 토지의 지목을 사실상 변경한 후 산출세액에 대한 신고를 하지 아니하고 그 토지를 매각하는 경우에는 산출세액에 100분의 80을 가산한 금액을 세액으로 하여 징수한다. (○, ×)

2. 토지를 취득한 자가 취득한 날로부터 1년 이내에 그에 인접한 토지를 취득한 경우 그 취득가액이 100만원일 때에는 취득세를 부과하지 아니한다. (○, ×)　제33회

3. 지방세법상 취득세의 부과·징수에 관한 설명으로 옳은 것은? 제33회

① 취득세의 징수는 보통징수의 방법으로 한다.

② 상속으로 취득세 과세물건을 취득한 자는 상속개시일부터 60일 이내에 산출한 세액을 신고하고 납부하여야 한다.

③ 신고·납부기한 이내에 재산권과 그 밖의 권리의 취득·이전에 관한 사항을 공부에 등기하거나 등록(등재 포함)하려는 경우에는 등기 또는 등록 신청서를 등기·등록관서에 접수하는 날까지 취득세를 신고·납부하여야 한다.

④ 취득세 과세물건을 취득한 후에 그 과세물건이 중과 세율의 적용대상이 되었을 때에는 중과 세율을 적용하여 산출한 세액에서 이미 납부한 세액(가산세 포함)을 공제한 금액을 세액으로 하여 신고·납부하여야 한다.

⑤ 법인의 취득당시가액을 증명할 수 있는 장부가 없는 경우 지방자치단체의 장은 그 산출된 세액의 100분의 20을 징수하여야 할 세액에 가산한다.

4. 부동산의 취득은 「민법」 등 관계 법령에 따른 등기·등록 등을 하지 아니한 경우라도 사실상 취득하면 취득한 것으로 본다. (○, ×) 제32회

5. 취득세 납세의무자가 신고를 하지 아니하고 매각하는 경우 산출세액에 100분의 80을 가산한 금액을 세액으로 하여 징수한다. (○, ×) 제33회, 제31회

6. 부동산을 증여의 원인으로 취득한 경우에 취득일(계약일)로부터 6개월 내에 신고·납부한다. (○, ×) 기출 응용

7. 취득세 과세물건을 취득한 자가 재산권의 취득에 관한 사항을 등기하는 경우 등기한 후 60일 내에 취득세를 신고·납부하여야 한다. (○, ×) 제27회

8. 취득세 납세의무자가 신고 또는 납부의무를 다하지 아니하면 산출세액 또는 그 부족세액에 「지방세기본법」의 규정에 따라 산출한 가산세를 합한 금액을 세액으로 하여 보통징수의 방법으로 징수한다. (○, ×) 제25회

Answer

1. ×, 지목변경으로 중가산세 제외
2. ×, 취득가액이 50만원 이하
3. ③ 옳은 지문이다.
   ① 취득세의 부과징수는 신고·납부의 방법
   ② 상속으로 취득한 자는 상속개시일이 속하는 달의 말일부터 6개월 이내에 산출한 세액을 신고하고 납부
   ④ 취득한 후에 그 과세물건이 중과세율의 적용대상이 되었을 때에는 60일 내 신고·납부(가산세 제외)
   ⑤ 법인의 장부 작성 의무 불이행 - 100분의 10을 징수하여야 할 세액에 가산한다.
4. ○
5. ○
6. ×, 증여 - 취득일이 속하는 달의 말일로부터 3개월 이내 신고·납부
7. ×, 등기·등록 신청서 접수 날까지 신고·납부
8. ○

제2절 ▎ 취득세 과세여부

> **출제빈도** 제3회, 제4회, 제5회, 제8회, 제15회, 제17회, 제18회, 제20회, 제21회, 제26회, 제27회, 제28회, 제30회, 제32회, 제33회, 제34회, 제35회
> 취득세의 과세에 관한 문제는 **취득세의 비과세**, 취득세과세되는 경우로 **유상취득, 상속취득, 증여취득의 구별**문제가 자주 출제되고 있다.

> 취득세는 취득세 과세대상물에 해당되고 비과세에 해당되지 아니한 취득에 대해 취득세를 과세한다.

1 취득세 과세대상물(제3회, 제17회, 제26회)

> 부동산(토지 · 건축물), 차량(모든 차량), 기계장비(건설기계로 중장비로 외움), 선박(모든 배), 항공기(사람탑승 비행기), 광업권, 어업권, 양식업권, 종합체육시설물회원권, 입목, 콘도미엄회원권, 골프회원권, 승마회원권, 요트회원권

> | 암기법 |
>
> **부** **차** **중** **배** 타고 **비**행기 타고 **광** **어** **양식**하자. **종**합적으로 **입**벌리고 **코** 골며 **승**마 타**요**

> | 문제푸는 요령 |
>
> ○○**권**은 **회원권, 광업권, 어업권, 양식업권** 만 취득세 과세대상물에 해당된다.
> 사치성 재산인 **골프장 · 고급오락장** · 고급주택 · 고급선박 단어가 문장 안에 있으면 무조건 취득세 <u>과세</u>한다.

2 취득세의 비과세(제16회, 제19회, 제23회, 제28회, 제29회, 제30회, 제31회, 제32회, 제33회, 제35회)

> ① 국가 또는 지방자치단체(다른 법률에서 국가 또는 지방자치단체로 의제되는 법인은 제외한다. 이하 같다), 지방자치단체조합, 외국정부 및 주한국제기구의 취득에 대해서는 취득세를 부과하지 아니한다. 다만, 대한민국 정부기관의 취득에 대하여 과세하는 외국정부의 취득에 대해서는 취득세를 부과한다.

> | 요점정리 |
>
> 국가 또는 지자체의 자기를 위한 취득은 비과세한다. 단, 외국정부는 상호면세주의이다.

② 국가, 지방자치단체 또는 지방자치단체조합("국가 등"이라 한다)에 귀속또는 기부채납을 조건으로 취득하는 부동산 및 사회기반시설에 대한 민간투자법에 해당하는 사회기반시설에 대해서는 취득세를 부과하지 아니한다.

> 다만, 다음 ㉠㉡의 어느 하나에 해당하는 경우 그 해당 부분에 대해서는 취득세를 부과한다.
> ㉠ 국가 등에 **귀속 등의 조건을 이행하지 아니하고** 타인에게 매각·증여하거나 귀속 등을 이행하지 아니하는 것으로 조건이 변경된 경우 ⇨ **취득세 과세**
> ㉡ 국가 등에 **귀속 등의 반대급부로 국가 등이 소유하고** 있는 부동산 및 사회기반시설을 무상으로 양여받거나 기부채납 대상물의 무상사용권을 제공받는 경우 ⇨ **취득세 과세**

| 문제푸는 요령 |

> 취득세 부과여부의 문제에서, 국가·지방자치단체 등에 "귀속, 기부체납조건"으로 끝나면 **비과세**이다(= 부과하지 아니한다). 연결하여 "이행하지 아니하고, **반대급부로**, 무상사용권을 제공 받은 경우"가 **있으면 부과한다**.

③ 신탁(「신탁법」에 따른 신탁으로서 신탁등기가 병행되는 것만 해당한다)으로 인한 신탁재산의 취득으로서 다음 ㉠㉡㉢ 어느 하나에 해당하는 경우에는 취득세를 부과하지 아니한다.
  ㉠ 위탁자로부터 수탁자에게 신탁재산을 이전하는 경우
  ㉡ 신탁의 종료 또는 해지로 인하여 수탁자로부터 위탁자에게 신탁재산을 이전하는 경우
  ㉢ 수탁자가 변경되어 신수탁자에게 신탁재산을 이전하는 경우

> 다만, 다음에 해당하는 경우 그 해당 부분에 대해서는 취득세를 부과한다.
> • 신탁재산의 취득 중 **주택조합 등과 조합원 간**의 부동산 취득 및 주택조합 등의 비조합용 부동산 취득 ⇨ 취득세 과세

| 문제푸는 요령 |

> ..신탁등기가 병행된 신탁재산"이란 구절을 문제의 key word로 잡고, **조합·명의 신탁이 있으면** 취득세 부과한다. 조합 또는 명의 신탁이 **없으면** 취득세를 **부과하지 아니**한다.
> **주의** 신탁…**위탁자의 지위 이전**…(이는 실질적인 소유권의변동이 있는 경우를 의미하므로) ⇨ **취득세 과세**(누구에게 : **새로운 위탁자**에게)

④ 「징발재산 정리에 관한 특별조치**법**」 또는 국가보위에 관한 특별조치법 폐지법률 부칙 제2항에 따른 동원대상지역 내의 토지의 수용·사용에 관한 환매권의 행사로 매수하는 부동산의 취득에 대하여는 취득세를 부과하지 아니한다.

⑤ 임시흥행장, 공사현장사무소 등 임시건축물의 취득(사치성 재산 제외)에 대하여는 취득세를 부과하지 아니한다. 다만, **존속기간이 1년을 초과하는 경우에는 취득세를 부과한다.**

www.pmg.co.kr

취득세 비과세	존속기간 1년 초과하지 아니한 임시 건축물
취득세 과세	• 존속기간 1년 초과한 임시 건축물 • 사치성 재산

⑥ 주택법에 따른 <u>공동주택의 개수</u>로 인한 취득 중 국민주택규모의 주택으로서 개수(<u>대수선은 과세</u>)로 인한 취득 당시 주택의 시가표준액이 9억원 이하인 주택과 관련된 개수로 인한 취득에 대하여는 취득세를 **과세하지 아니**한다.

문제푸는 요령

취득세 부과여부의 문장에서, "**공동주택의 개수**" 있으면...끝말은...**취득세 부과하지 아니한다.**
주의 대수선은 부과 · 개수는 증가한 경우 부과한다.

⑦ 다음 각 ㉠㉡의 어느 하나의 차량에 대해서는 상속에 따른 취득세를 부과하지 아니한다.
  ㉠ 상속개시 이전에 천재지변 · 화재 · 교통사고 · 폐차 등으로 사용할 수 없게 된 차량
  ㉡ 차령초과로 사실상 차량을 사용할 수 없는 경우 등 상속으로 인한 이전등록을 하지 아니한 상태에서 폐차함에 따라 상속개시일부터 3개월 이내에 말소등록된 차량

기출 문제 취득세 비과세

1. **지방세법령상 취득세에 관한 설명으로 틀린 것은?** 제35회
① 대한민국 정부기관의 취득에 대하여 과세하는 외국정부의 취득에 대해서는 취득세를 부과한다.
② 토지의 지목을 사실상 변경함으로써 그 가액이 증가한 경우에는 취득으로 본다.
③ 국가에 귀속의 반대급부로 영리법인이 국가 소유의 부동산을 무상으로 양여받는 경우에는 취득세를 부과하지 아니한다.
④ 영리법인이 취득한 임시흥행장의 존속기간이 1년을 초과하는 경우에는 취득세를 부과한다.
⑤ 신탁(「신탁법」에 따른 신탁으로서 신탁등기가 병행되는 것만 해당한다)으로 인한 신탁재산의 취득 중 주택조합등과 조합원 간의 부동산 취득에 대해서는 취득세를 부과한다.

2. **공사현장사무소 등 임시건축물의 취득에 대하여는 그 존속기간에 관계없이 취득세를 부과하지 아니한다. (○, ×)** 제33회

3. 「주택법」 제2조 제3호에 따른 공동주택의 개수(「건축법」 제2조 제1항 제9호에 따른 대수선은 제외함)로 인한 취득 중 개수로 인한 취득 당시 「지방세법」 제4조에 따른 주택의 시가표준액이 9억원 이하인 주택과 관련된 개수로 인한 취득에 대해서는 취득세를 부과하지 아니한다. (○, ×) 제28회

4. 지방자치단체에의 기부채납을 조건으로 부동산을 취득 등기하는 경우, 취득세는 과세된다. (○, ×) 제20회

5. 「지방세법」상 신탁(「신탁법」에 따른 신탁으로서 신탁등기가 병행된 것임)으로 인한 신탁재산의 취득으로서 취득세 부과하는 경우는 모두 몇 개인가? 제29회

㉠ 위탁자로부터 수탁자에게 신탁재산을 이전하는 경우
㉡ 신탁의 종료 또는 해지로 인하여 수탁자로부터 위탁자에게 신탁재산을 이전하는 경우
㉢ 수탁자가 변경되어 신수탁자에게 신탁재산을 이전하는 경우
㉣ 「주택법」에 따른 주택조합이 비조합원용 부동산을 취득하는 경우

6. 법령이 정하는 고급오락장에 해당하는 임시건축물의 취득에 대하여는 존속기간에 상관없이 취득세를 부과하지 아니한다. (○, ×) 제23회

Answer

1. ③ 국가에 귀속의 반대급부로 영리법인이 국가 소유의 부동산을 무상으로 양여받는 경우에는 취득세를 부과한다.
2. ×, 1년 초과하지 아니한 임시건축물은 비과세. 존속기간 1년 초과한 임시 건축물은 과세
3. ×, 공동주택의 개수 - 취득세 부과
4. ×, 기부채납조건 - 비과세
5. 1개(㉣)
6. ×, 사치성재산은 과세

③ 취득세 과세되는 경우

취득은 유상, 무상을 불문한 일체의 취득 또는 취득을 원인으로 이루어지는 등기, 등록으로 과세된다.

"취득세 과세대상물에 해당되고 비과세에 해당되지 않았으면 취득세 과세이다." 하면 되고, 취득세 **세율에 적혀있는 거래는 과세되는 거래**이다. 취득세 과세되는 거래에서 **원시취득, 유상 취득, 상속취득, 증여취득의 취득세 세율이 다르니 취득 구별에 유념**

(1) 원시취득으로 취득세 과세

① 공유수면매립

② 건축물의 신축・재축

③ 건축물의 증축・개축은 면적 증가분을 원시취득으로 과세

주의 차량・기계장비・항공기 및 건조하는 선박은 원시취득은 과세않고 승계취득의 경우에 한하여 과세한다.

(2) 재산의 증가는 이루어지지 않으나 소유권등기로 취득세 과세

소유권등기로 과세	건축물의 **이전** : 공유물의 재산 **분할**

(3) 유상취득으로 취득세 과세

유상취득으로 과세	① 매매 ② **교환** ③ 대물변제

① 증여자의 채무를 인수하는 부담부(負擔附)증여의 경우에는 그 채무액에 상당하는 부분은 부동산 등을 **유상**으로 취득하는 것으로 본다. 증여자의 채무를 인수하는 **부담부(負擔附)증여**의 경우에는 **채무 이외 나머지 금액**은 **증여취득**하는 것으로 본다.

증여자의 채무를 인수하는 **부담부증여**의 경우	채무	유상 취득
	채무 외 **나머지**	**증여** 취득

② **배우자 또는 직계존비속**의 부동산 등을 취득하는 경우에는 **증여로 취득**한 것으로 본다. 다만, 다음 ㉠~㉣ 중 하나에 해당하는 경우에는 **유상으로 취득**한 것으로 본다.

　㉠ **공매**(**경매**를 포함한다. 이하 같다)를 통하여 부동산 등을 취득한 경우

　㉡ **파산선고**로 인하여 처분되는 부동산 등을 취득한 경우

　㉢ 권리의 이전이나 행사에 등기 또는 등록이 필요한 부동산 등을 서로 **교환**한 경우

　㉣ 해당 부동산 등의 취득을 위하여 **그 대가를 지급한 사실을 증명**한 경우 다음 각 ⓐ~

　　ⓒ 어느 하나에 의하여 증명되는 경우

　　ⓐ 그 대가를 지급하기 위한 취득자의 소득이 증명된 경우

　　ⓑ 소유재산을 처분 또는 담보한 금액으로 해당 부동산을 취득한 경우

　　ⓒ 이미 상속세 또는 증여세를 과세 받았거나 신고한 경우로서 그 상속 또는 수증재산의 가액으로 그 대가를 지급한 경우

③ **배우자 또는 직계존비속으로부터의 부동산 등의 부담부증여**의 경우에는 **증여취득**을 적용한다.

> **［ 문제푸는 요령 ］**
>
> "배우자 간·직계존비속 간"을 keyword로..대가입증, 파산선고,,교환,,경매로 연결되면 유상취득으로 본다.
>
> "배우자 간·직계존비속 간"을 keyword로. 대가입증·파산선고·교환·경·공매... 단어 없이 <u>다른 단어로 연결되면</u> 증여취득으로 본다.
>
> 🈸 배우자 또는 직계존비속으로부터 부동산 등을 부담부증여로 취득하는 경우는 증여취득으로 본다.

(4) 신탁재산의 취득으로 과세

「신탁법」에 따라 **신탁재산의 위탁자 지위의 이전이 있는 경우에는 새로운 위탁자가 해당 신탁재산을 취득한 것으로 본다**. 다만, 위탁자 지위의 이전에도 불구하고 신탁재산에 대한 실질적인 소유권 변동이 있다고 보기 어려운 경우는 그러하지 아니하다.

(5) 상속 취득

(6) 증여 취득

상속개시 후 상속재산에 대하여 등기·등록·명의개서(名義改書) 등에 의하여 각 상속인의 상속분이 확정되어 등기 등이 된 후, 그 상속재산에 대하여 공동상속인이 협의하여 지분할한 결과 특정상속인이 당초 상속분을 초과하여 취득하게 되는 재산가액은 그 재분할에 의하여 상속분이 감소한 상속인으로부터 증여받아 취득한 것으로 본다. 다만, 다음에 해당하는 경우에는 그러하지 아니하다(제방세법 제7조 제13항).

상속회복청구의 소에 의한 법원의 확정판결에 의하여 상속인 및 상속재산에 변동이 있는 경우

(7) 간주 취득 : 재산의 증가가 이루어져 취득으로 보는 경우

> ① 토지지목변경 ⇨ **증가**한 경우 증가분 **취득**
>   ㉠ 공간정보의 구축 및 관리 등에 관한 법률에 따른 **대(垈)** 중 「국토의 계획 및 이용에 관한 법률」 등 관계 법령에 따른 **택지공사가 준공된 토지에 정원 또는 부속시설물 등을 조성·설치하는 경우**에는 그 정원 또는 부속시설물 등은 토지에 포함되는 것으로서 토지의 지목을 사실상 변경하는 것으로 보아 **토지의 소유자가 취득**한 것으로 본다. 다만, 건축물을 건축하면서 그 **건축물에 부수되는 정원 또는 부속시설물 등을 조성·설치하는 경우**에는 그 정원 또는 부속시설물 등은 건축물에 포함되는 것으로 보아 **건축물을 취득하는 자가 취득**한 것으로 본다.

  ど 「도시개발법」에 따른 환지방식에 의한 도시개발사업의 시행으로 토지의 지목이 사실
  상 변경됨으로써 그 가액이 증가한 경우에는 그 환지계획에 따라 공급되는 **환지는**
  사업시행자가, 체비지 또는 보류지는 조합원이 각각 **취득한 것으로 본**다.
 ② 개수 ⇨ **증가**한 경우 증가분을 취득

(8) 과점주주의 주식취득

> **출제빈도** 제15회, 제18회, 제20회, 제23회, 제24회, 제26회, 제29회
> 과점주주의 뜻과 과점주주의 지분율이 변동하였을 때, 과세여부에 대한 문제가 출제되고 있다.
> 이에 대한 지문은 길게 출제되니, 이해와 더불어 문장의 키워드로 문제푸는 게 요령이다.

① 과점주주란 주주 또는 유한책임사원 1명과 그와 법령으로 정하는 친족, 그 밖의 특수관
 계에 있는 자의 소유주식의 합계 또는 출자액의 합계가 해당 <u>법인의 발행주식총수 또는</u>
 <u>출자총액의 100분의 50을 초과하</u>는 자를 말한다.

> ② 법인의 주식 또는 지분을 취득함으로써 「지방세기본법」 제46조 제2호에 따른 **과점주주**
> **가 되었을 때**에는 그 과점주주가 해당 법인의 **부동산 등을 취득한 것으로 본다**. 이 경우
> 과점주주의 연대납세의무에 관하여는 「지방세기본법」 제44조를 준용한다.

③ 법인의 부동산 등에는 법인이 「신탁법」에 따라 <u>신탁한 재산으로서 수탁자 명의로 등</u>
 <u>기·등록</u>이 되어 있는 부동산 등을 포함한다.

> ④ 법인**설립시**에 발행하는 주식 또는 지분을 취득함으로써 과점주주가 된 경우에는 **취득으**
> **로 보지 아니**한다.

⑤ **지분이 변동되었을 경우 납세의무**
 〳 법인의 과점주주가 아닌 주주 또는 유한책임사원이 다른 주주 또는 유한책임사원의
  주식 또는 지분을 취득하거나 증자 등으로 **최초로** <u>과점주주가 된 경우</u>에 주주가 된
  날 현재 해당 과점주주가 소유하고 있는 법인의 주식 등을 <u>모두</u> **취득한 것**으로 보아
  취득세를 부과한다.

> 〴 이미 <u>과점주주</u>가 된 주주 또는 유한책임사원이 해당 법인의 주식 등을 취득하여 해당
> 법인의 주식 등의 총액에 대한 과점주주가 가진 주식 등의 비율이 <u>증가된 경우</u>에는
> <u>그 증가분을 취득</u>으로 보아 취득세를 부과한다. 다만, 증가된 후의 주식 등의 비율이
> 해당 **과점주주가 이전**에 가지고 있던 주식 등의 **최고비율보다 증가되지 아니한 경우**
> 에는 취득세를 **부과하지 아니**한다.

 〵 <u>과점주주였으나</u> 주식 등의 양도 등으로 과점주주에 해당하지 아니하게 되었다가 해당
  법인의 주식 등을 <u>취득하여 다시 과점주주가 된 경우</u>에는 다시 과점주주가 된 당시의
  주식 등의 비율이 그 이전에 과점주주가 된 당시의 주식 등의 비율보다 <u>증가된 경우에</u>
  <u>만 그 증가분만을 취득</u>으로 보아 취득세를 부과한다. 여기에서 증가분이란 후(後) 과
  점주주의 지분비율에서 종전(前) 과점주주의 지분비율을 뺀 차이 비율을 말한다.

기출문제 취득세 과세에 따른 취득의 구분

1. 권리의 이전이나 행사에 등기 또는 등록이 필요한 부동산을 직계존속과 서로 교환한 경우에는 무상으로 취득한 것으로 본다. (○, ×) 제27회, 제32회

2. 법인설립시 발행하는 주식을 취득함으로써 「지방세기본법」에 따른 과점주주가 되었을 때에는 그 과점주주가 해당 법인의 부동산 등을 취득한 것으로 본다. (○, ×) 제23회, 제26회

3. 상속회복청구의 소에 의한 법원의 확정판결에 의하여 특정 상속인이 당초 상속분을 초과하여 취득하게 되는 재산가액은 상속분이 감소한 상속인으로부터 증여받아 취득한 것으로 본다. (○, ×) 제32회

4. 증여자가 배우자 또는 직계존비속이 아닌 경우 증여자의 채무를 인수하는 부담부증여의 경우에는 그 채무액에 상당하는 부분은 부동산 등을 유상으로 취득하는 것으로 본다. (○, ×) 제32회

5. 「지방세법」상 과점주주의 간주취득세가 과세되는 경우가 아닌 것은 모두 몇 개인가? 제29회

> ㉠ 비상장법인 설립시에 발행하는 주식을 취득함으로써 과점주주가 된 경우
> ㉡ 과점주주가 아닌 주주가 다른 주주로부터 주식을 취득함으로써 최초로 과점주주가 된 경우
> ㉢ 이미 과점주주가 된 주주가 해당 비상장법인의 주식을 취득하여 해당법인의 주식 총액에 대한 과점주주가 가진 주식의 비율이 증가된 경우
> ㉣ 과점주주 집단 내부에서 주식이 이전되었으나, 과점주주 집단이 소유한 총주식의 비율에 변동이 없는 경우

① 0개   ② 1개   ③ 2개
④ 3개   ⑤ 4개

6. 「지방세법」상 취득세가 부과되지 않는 것은? 제30회
① 「주택법」에 따른 공동주택의 개수(「건축법」에 따른 대수선 제외)로 인한 취득 중 개수로 인한 취득 당시 주택의 시가표준액이 9억원 이하인 경우
② 형제 간에 부동산을 상호 교환한 경우
③ 직계존속으로부터 거주하는 주택을 증여받은 경우
④ 파산선고로 인하여 처분되는 부동산을 취득한 경우
⑤ 「주택법」에 따른 주택조합이 해당 조합원용으로 조합주택용 부동산을 취득한 경우

7. 「지방세법」상 취득세가 과세될 수 있는 것은 몇개인가?   제20회 변형

> ㉠ 민법 제839조의 2 및 제843조에 따른 재산 분할로 인한 취득의 경우
> ㉡ 보유 토지의 지목이 전(田)에서 대지(垈地)로 변경되어 가액이 증가한 경우
> ㉢ 신탁등기가 병행되는 신탁재산으로 위탁자로부터 수탁자에게 신탁재산을 이전하는 경우
> ㉣ 토지를 사실상 취득하였지만 등기하지 않은 경우
> ㉤ 개수로 인한 취득
> ㉥ 건축물의 이전으로 인한 취득(이전한 건축물의 가액이 종전 건축물의 가액을 초과하지 아니함).

① 1개   ② 2개   ③ 3개
④ 4개   ⑤ 5개

8. 경매를 통하여 배우자의 부동산을 취득하는 경우에는 유상으로 취득한 것으로 본다. (○, ×)
제34회

9. 형제자매인 증여자의 채무를 인수하는 부동산의 부담부증여의 경우에는 그 채무이외 나머지에 상당하는 부분은 부동산을 유상으로 취득하는 것으로 본다. (○, ×)   제34회

10. 「도시개발법」에 따른 환지방식에 의한 도시개발사업의 시행으로 토지의 지목이 사실상 변경됨으로써 그 가액이 증가한 경우에는 그 환지계획에 따라 공급되는 환지는 사업시행자가, 체비지 또는 보류지는 조합원이 각각 취득한 것으로 본다. (○, ×)   제34회

11. 신탁법에 따라 신탁재산의 실질적 소유권변동이 있는 경우로서 신탁재산의 위탁자의 지위이전이 있는 경우 수탁자가 해당 신탁재산을 취득한 것으로 본다. (○, ×)   제33회변형

12. 비상장 A법인의 주주인 甲이 과점주주가 됨으로써 과세되는 취득세의 과세표준은 얼마인가?
기출변형

> • 증자 전 자산가액
>   건물 : 4억원, 토지 : 5억원, 차량 : 1억원, 골프장 : 5억, 고급오락장 : 5억
> • 주식 발행 현황
>   − 설립시 발행주식총수 : 50,000주
>   2025.10.5. 증자발행주식총수 : 100,000주
>   − 甲의 A 법인 주식취득 현황
>   A법인 설립시 20,000주 취득
>   2025.10.5.증자로 40,000주 추가취득

13. 거주자 甲의 A비상장법인에 대한 주식보유 현황은 아래와 같다. 2025년 9월 15일 주식 취득시 지방세법상 A법인 보유 자산 중 甲의 취득으로 간주되는 지분비율은? 제20회

㉠ 2009년 1월 1일 설립시　　　발행주식 : 1만주　보유주식수 : 5천주
㉡ 2011년 4월 29일 주식 취득 후　발행주식 : 1만주　보유주식수 : 6천주
㉢ 2012년 7월 18일 주식 양도 후　발행주식 : 1만주　보유주식수 : 4천주
㉣ 2025년 9월 15일 주식 취득시　발행주식 : 1만주　보유주식수 : 8천주

Answer

1. ×, 교환 – 유상취득
2. ×, 설립시 – 취득으로 보지 아니한다.
3. ×, 상속회복청구권의 소 – 증여취득으로 보지 아니한다.
4. ○, 부담부증여 – 채무 : 유상취득
5. ③(과세되지 아니한 경우는 ㉠, ㉣)
6. ①
7. ⑤ 취득세 과세되는 경우는 ㉠, ㉡, ㉣, ㉤, ㉥ 비과세인 경우는 ㉢이다.
8. ○
9. ×, 부담부 증여 – 채무 이외 나머지 : 증여취득
10. ×, 환지 – 조합원, 체비지·보류지 – 사업시행자
11. ×, 위탁자 지위 이전 – 새로운 위탁자가 취득
12. 20억원 × 60% = 12억원
13. 20%

4 취득세 납세의무자

① **원칙** : 사실상 취득자

　부동산·차량·기계장비·입목·항공기·선박·광업권·어업권·양식업권, 골프 회원권·콘도미니엄 회원권 또는 종합체육시설 이용 회원권, 승마 회원권, 요트 회원권의 취득에 있어서는 등기·등록 등을 이행하지 아니한 경우라도 사실상으로 취득한 때에는 각각 취득한 것으로 보고 당해취득물건의 소유자 또는 양수인을 각각 취득자로 한다. 다만, 차량·기계장비·항공기 및 주문에 의하여 건조하는 선박은 승계취득의 경우에 한한다.

② **상황에 따른 납세의무자**

㉠ 건축물 중 조작(造作) **설비**, 그 밖의 부대설비에 속하는 부분으로서 그 주체구조부(主體構造部)와 **하나가 되어** 건축물로서의 효용가치를 이루고 있는 것에 대하여는 주체구조부 취득자 외의 자가 가설한 경우 **주체구조부의 취득자가 함께** 취득한 것으로 본다.

㉡ 선박, 차량과 기계장비의 종류를 변경하거나 토지의 **지목을 사실상 변경**함으로써 그 가액이 **증가한** 경우에 **소유자가 취득**한 것으로 본다.

© **외국인 소유**의 취득세 과세대상 물건(차량, 기계장비, 항공기 및 선박만 해당한다)을 직접 사용하거나 국내의 대여시설 이용자에게 대여하기 위하여 **임차하여 수입**하는 경우 **수입하는 자가** 취득한 것으로 본다.

② **상속**(유증 및 포괄유증과 신탁재산의 상속을 포함한다)으로 인하여 취득하는 경우에는 **상속인 각자가** 상속받는 취득물건을 **취득한 것**으로 본다. 이 경우 상속인은 연대납세의무를 진다.

⑩ 「주택법」에 따른 주택조합과 「도시 및 주거환경정비법」 및 「빈집 및 소규모주택 정비에 관한 특례법」에 따른 "주택**조합 등**"이 해당 조합원용으로 취득하는 조합주택용 부동산(공동주택과 부대시설·복리시설 및 그 부속토지를 말한다)은 그 **조합원이 취득한 것**으로 본다. 다만, 조합원에게 귀속되지 아니하는 부동산("비조합원용 부동산")은 제외한다.

⑭ 사업용 과세물건 소유자와 공장 신설·증설자가 다른 경우 : 과밀억제권역 내에서 공장 신설·증설의 경우에 사업용 과세물건의 **소유자와 공장 신설·증설한 자가 다른 때**에는 그 사업용 과세물건의 **소유자가** 공장을 **신설·증설한 것으로 보아** 중과세한다.

⊘ 「여신전문금융업법」에 따른 시설대여업자가 건설기계나 차량의 시설대여를 하는 경우로서 대여시설이용자의 명의로 등록하는 경우라도 그 건설기계나 차량은 시설대여업자가 취득한 것으로 본다.

◎ 기계장비나 차량을 <u>기계장비대여업체 또는 운수업체의 명의로 등록하는 경우</u>라도 해당 기계장비나 차량의 구매계약서, 세금계산서, 차주대장(車主臺帳) 등에 비추어 기계장비나 차량의 <u>취득대금을 지급한 자가 따로 있음이 입증</u>되는 경우 그 기계장비나 차량은 <u>취득대금을 지급한 자가</u> 취득한 것으로 본다.

기출문제 취득세 납세의무

1. 건축물의 조작 기타 부대설비에 속하는 부분으로서 그 주체구조부와 하나가 되어 건축물의 효용가치를 이루고 있는 것이라 하더라도 주체구조부 취득자 이외의 자가 가설한 경우에는 이를 가설한 자가 납세의무를 진다. (○, ×)　　　　　　　　　제12회, 제26회, 제33회, 제34회

2. 상속(피상속인이 상속인에게 한 유증 및 포괄유증과 신탁재산의 상속포함)으로 인하여 취득하는 경우에는 상속인 각자가 상속받는 취득물건(지분을 취득하는 경우에는 그 지분에 해당하는 취득물건을 말함)을 취득한 것으로 본다. (○, ×)　　　　　　　　　제28회

3. 외국인 소유의 선박을 직접 사용할 목적으로 임차하여 수입하는 경우는 수입자가 이를 취득한 것으로 본다. (○, ×)　　　　　　　　　제13회

4. 「주택법」에 따른 주택조합과 「도시 및 주거환경정비법」 및 「빈집 및 소규모주택 정비에 관한 특례법」에 따른 "주택조합 등"이 해당 조합원용으로 취득하는 조합주택용 부동산(공동주택과 부대시설·복리시설 및 그 부속토지를 말한다)은 그 조합원이 취득한 것으로 본다. (○, ×) 제13회, 제27회

Answer

1. ×, 이를 가설한 자 ⇨ 주체구조부 취득자
2. ○
3. ○
4. ○

제3절 ┃ 취득세 취득시기

> **출제빈도** 제14회, 제15회, 제16회, 제24회, 제28회, 제30회, 제31회, 제32회, 제34회
>
> 선 다 ①~⑤에서 마침표 앞에 "취득일로 본다." 또는 각 거래의 "취득세의 납세의무 성립일"이면 **"취득세 취득시기" 문제구나 생각하고**, 각 거래마다 그 거래 특성상 취득으로 볼 수 있는 날 중 '**빠른 날**'을 point로 생각하면 된다.

1 유상승계 취득

① 유상승계취득 취득시기

> ㉠ 원칙: 사실상 잔금 지급일과 등기일 중 **빠른 날**
> ㉡ 사실상 잔금지급일을 확인할 수 없는 경우: 계약서상 잔금지급일과 등기일 중 **빠른 날**
> ㉢ 계약서상의 잔금 지급일이 명시되지 아니한 경우: 계약일로부터 60일이 경과되는 날과 등기일 중 **빠른 날**
>
> > 다만, 해당 취득물건을 **등기·등록하지 아니하고** 다음 각 ⓐⓑⓒ의 어느 하나에 해당하는 서류에 의하여 취득일부터 60일 이내에 계약이 해제된 사실이 입증되는 경우에는 취득한 것으로 보지 아니한다.
> > ⓐ 화해조서·인낙조서(해당 조서에서 취득일부터 60일 이내에 계약이 해제된사실이 입증되는 경우만 해당한다)

    ⓑ 취득일부터 60일 이내에 작성된 **공정증서**(공증인이 인증한 사서증서를 포함)

    ⓒ 행정안전부령으로 정하는 계약해제신고서(취득일부터 60일 이내에 제출된 것만 해당한다)

    ⓓ 부동산 거래신고 관련 법령에 따른 부동산거래계약 해제 등 신고서(취득일부터 60일 이내에 등록관청에 제출한 경우만 해당한다)

② **연부로 취득**하는 것으로서 그 취득가액의 총액이 면세점을 초과하는 것 : 그 **사실상의 연부금 지급일**(이 경우에는 사실상 매회의 지급되는 금액을 각각 과세표준으로 하여 취득세를 과세한다)과 등기일 중 **빠른 날**

🔲 용어해설

연 부

매매계약서상 연부계약 형식을 갖추고 일시에 완납할 수 없는 대금을 2년 이상에 걸쳐 일정액씩 분할하여 지급하는 것을 말한다. 일시취득 조건으로 취득한 부동산에 대한 대금지급방법을 연부계약형식으로 변경한 경우에는 계약변경 시점에서 그 이전에 지급한 대금에 대한 취득세의 납세의무가 발생하며, 그 이후에는 사실상 매 연부금지급일마다 취득세를 납부하여야 한다.

📋 문제푸는 요령

취득세의 문제에서 ..**"계약해제"** 란 개별적 문제 key **단어**가 문장상에 있으면 "계약해제" 단어 **앞에 등기 · 등록하지 아니하고** 이 말이 있어야 된다. 그 뒤는 **취득세 신고기한(60일) 내계약해제 입증**이 나올 때...**끝말은 취득한 것으로 보지 아니한다.**

③ 무상 취득	**증여** 취득 ⇨ 계약일과 등기일 중 **빠른날**
	상속 취득 ⇨ 상속개시일

④ 건축물을 건축 또는 개수하여 취득하는 경우	사용승인서내주는 날과 사실상의 사용일 중 **빠른날**
㉠ 사용승인서를 내주기 전에 임시사용승인을 받은 경우	임시사용승인일과 사실상사용일 중 **빠른 날**

⑤ 관계 법령에 따라 **매립** · 간척 등으로 토지를 원시취득하는 경우에는 공사**준공인가일**을 취득일로 본다.

다만, 공사준공인가일 전에 사용승낙 · 허가를 받거나 사실상 사용하는 경우에는 사용 승낙일 · 허가일 또는 사실상 사용일 중 빠른 날을 취득일로 본다.

⑥ 「주택법」 제11조에 따른 주택조합이 주택건설사업을 하면서 조합원으로부터 취득하는 토지 중 조합원에게 귀속되지 아니하는 토지를 취득하는 경우에는 「주택법」 제49조에 따른 사용검사를 받은 날에 그 토지를 취득한 것으로 본다.

⑦ 「도시 및 주거환경정비법」 제35조 제3항에 따른 재건축조합이 재건축사업을 하거나 「빈 집 및 소규모주택 정비에 관한 특례법」 제23조 제2항에 따른 소규모재건축조합이 소규 모재건축사업을 하면서 조합원으로부터 취득하는 토지 중 조합원에게 귀속되지 아니하 는 토지를 취득하는 경우에는 「도시 및 주거환경정비법」 제86조 제2항 또는 「빈집 및 소규모주택 정비에 관한 특례법」 제40조 제2항에 따른 소유권이전 고시일의 다음 날에 그 토지를 취득한 것으로 본다.

▌ 문제푸는 요령 ▌

문제가 취득세의 취득시기에서 문장의 첫글자가 「주택법」일 때 끝말은 **사용검사 받은 날**이 다. 문장의 첫 글자가 「..주거환경정비법」일 때 ... 끝말은 **소유권 이전** 고시일 **다음 날**

⑧ 토지의 지목변경	사실상 변경된 날과 공부상 변경된 날 중 **빠른 날**

다만, 토지의 지목**변경일 전에 사용** ⇨ 사실상의 **사용일**

⑨ 재산 **분할**로 인한 취득	**등기일**
⑩ **점유**에 의한 취득	

▌기출문제▌ 취득세 취득시기

1. 상속으로 인한 취득의 경우에는 상속개시일에 취득한 것으로 본다. (○, ×)　　제32회

2. 「도시 및 주거환경정비법」에 따른 재건축조합이 재건축 사업을 하면서 조합원으로부터 취 득하는 토지 중 조합원에게 귀속되지 아니하는 토지를 취득하는 경우에는 같은 법에 따른 준공인가고시일의 다음 날에 그 토지를 취득한 것으로 본다. (○, ×)　제28회, 제32회, 제34회

3. 증여로 인한 승계취득의 경우 해당 취득물건을 등기·등록하더라도 취득일이 속하는 달의 말일부터 3개월 이내에 공증받은 공정증서에 의하여 계약이 해제된 사실이 입증되는 경우에 는 취득한 것으로 본다. (○, ×)　　제28회, 제32회, 제34회

4. 토지의 지목변경에 따른 취득은 토지의 지목이 사실상 변경된 날을 취득일로 본다. (○, ×)　　제24회, 제28회, 제31회

5. 「주택법」 제11조에 따른 주택조합이 주택 건설사업을 하면서 조합원으로부터 취득하는 토 지 중 조합원에게 귀속되지 아니하는 토지를 취득하는 경우에는 「주택법」 제49조에 따른 사용검사를 받은 날에 그 토지를 취득한 것으로 본다. (○, ×)　　제28회

6. 부동산을 연부로 취득하는 것은 등기일에 관계없이 그 사실상의 최종연부금 지급일을 취득 일로 본다. (○, ×)　　제24회

7. 유상승계취득의 경우 사실상의 잔금지급일을 확인할 수 있는 때에는 사실상의 잔금지급일과 등기일 중 빠른 날이 취득세의 납세의무 성립시기이다. (○, ×)   제34회

8. 「민법」에 따른 이혼시 재산분할로 인한 부동산 취득의 경우에는 취득물건의 등기일이 취득세 납세의무의 성립시기이다. (○, ×)   제34회

9. 관계 법령에 따라 매립으로 토지를 원시취득하는 경우의 취득세의 납세의무 성립일은 취득물건의 등기일이다. (○, ×)   제30회 변형

Answer

1. ○
2. ×, 준공검사인가일 ⇨ 소유권이전 고시일의 다음 날
3. ×, 취득으로 보지 아니한다.
4. ×, 사실상 변경일과 공부상 변경일 중 빠른 날
5. ○
6. ×, 사실상 연부금지급일과 등기일 중 빠른 날
7. ○
8. ○
9. ×, 매립 ⇨ 공사준공인가일

제4절 취득세의 세액 산정

$$취득세\ 세액 = 취득세\ 과세표준 \times 해당세율$$

---

1 취득세 과세표준

(1) 취득세의 과세표준은 취득 당시의 가액으로 한다. 다만, 연부(年賦)로 취득하는 경우에는 연부금액(매회 사실상 지급되는 금액을 말하며, 취득금액에 포함되는 계약보증금을 포함한다)으로 한다.

(2) **취득의 구분에 따른 취득세 과세표준**

① 무상취득의 경우 과세표준

❤ 무상취득의 경우 취득세 과세표준

취득의 구분		과세표준
상속 취득		시가표준액
증여 취득	원 칙	시가인정액
	예 외	시가인정액을 산정하기 어려운 경우 ⇨ 시가표준액
		취득물건에 대한 시가표준액이 1억원 이하인 부동산 등의 증여 ⇨ 시가인정액과 시가표준액중에서 납세지가 정하는 가액

㉠ 시가인정액 : 시가인정액이란 매매사례가액, 감정가액, 공매가액 등 시가로 인정되는 가액(평가기간 : 취득일 전 6개월부터 취득일 후 3개월 이내의 기간). 시가인정액이 둘 이상인 경우에는 취득일 전후로 가장 가까운 날의 가액으로 한다.

구 분	시가 안정액
평가기간내 취득한 부동산 등의 매매사실이 있는 경우의 매매사례가	매매계약일을 기준으로 한 그 거래 가액
평가기간 내 취득한 부동산 등에 대하여 둘 이상의 감정기관이 평가한 감정가액이 있는 경우의 감정가액	가격산정기준일·감정가액평가서 작성일을 기준으로 한 그 감정가액의 평균액
평가기간 내 취득한 부동산 등에 대하여 경매 또는 공매 사실이 있는 경우의 공매가액	경매가액 또는 공매가액이 결정된 날을 기준으로 한 그 경매가액 또는 공매가액

㉡ 시가표준액 : 시가표준액이란 지방자치단체가 지방세를 징수하기 위해 매년마다 물건마다 공고되는 가액을 말한다.
  ⓐ 토지에 대한 시가표준액 : 부동산가격공시 및 감정평가에 관한 법률에 의하여 공시된 개별공시지가로 하며, 공시되지 아니한 경우에는 국토교통부장관이 제공한 토지가격비준표를 사용하여 산정한 가액으로 한다.
  ⓑ 주택의 시가표준액 : 부동산가격공시 및 감정평가에 관한 법률에 의하여 공시된 개별주택가격 또는 공동주택가격으로 하며, 공시되지 아니한 경우에는 국토교통부장관이 제공한 주택가격비준표를 사용하여 산정한 가액으로 한다.
  ⓒ 건축물의 시가표준액
  ⓒ-1. 오피스텔 : 행정안전부장관이 고시하는 표준가격기준액에 오피스텔의 용도별·층별 지수, 오피스텔의 규모·형태·특수한 부대설비 등의 유무 및 그 밖의 여건에 따른 가감산율(加減算率)을 적용한다.
  ⓒ-2. 오피스텔 외의 건축물 : 「소득세법」에 따라 산정·고시하는 건물신축가격기준액에 건물의 구조별·용도별·위치별 지수, 건물의 경과연수별 잔존가치율, 건물의 규모·형태·특수한 부대설비 등의 유무 및 그 밖의 여건에 따른 가감산율을 적용한다.

② **유상승계취득의 경우 과세표준**

㉠ 부동산 등을 **유상**거래(매매 또는 교환 등 취득에 대한 대가를 지급하는 거래)로 승계 취득하는 경우 취득당시가액은 취득시기 이전에 해당 물건을 취득하기 위하여 거래 상대방이나 제3자에게 지급하였거나 지급하여야 할 일체의 비용으로서 "**사실상취득 가격**"으로 한다(지방세법 제10조의3 제1항).

㉡ "사실상취득가격": **사실상** 취득가격이란 **취득시기를 기준으로 그 이전**에 해당 물건을 취득하기 위하여 거래 상대방 또는 제3자에게 지급하였거나 지급하여야 할 직접비용 과 다음 ⓐ~ⓗ의 어느 하나에 해당하는 간접비용의 합계액으로 한다.

다만, 취득대금을 **일시급** 등으로 지급하여 일정액을 할인받은 경우에는 **그 할인된 금 액**으로 한다.

주의

다음 1.~4.의 어느 하나에 해당하는 비용은 취득가격에 포함하지 아니한다.

1. 취득하는 물건의 판매를 위한 **광고선전비** 등의 판매비용과 그와 관련한 부대비용
2. 「전기사업법」, 「도시가스사업법」, 「집단에너지사업법」, 그 밖의 법률에 따라 **전기 · 가스 · 열 등을 이용하는 자가 분담하는 비용**
3. **이주비**, 지장물 보상금 등 취득물건과는 별개의 권리에 관한 보상 성격으로 지급되는 비용
4. **부가가치세**

☒ **간접비용**

ⓐ **건설자금에 충당한 차입금의 이자** 또는 이와 유사한 금융비용. 다만, 법인이 아닌 자가 취득하는 경우는 취득가격에서 제외한다.

ⓑ 할부 또는 연부(年賦) 계약에 따른 이자 상당액 및 연체료. 다만, 법인이 아닌 자가 취득 하는 경우는 취득가격에서 제외한다.

ⓒ 「공인중개사법」에 따른 공인중개사에게 지급한 중개보수. 다만, 법인이 아닌 자가 취득 하는 경우는 취득가격 또는 연부금액에서 제외한다.

구 분	개 인	법 인
할부이자 · 연부이자, 중개보수 · 연체료, 건설자금이자	불포함	포 함

ⓓ 「농지법」에 따른 농지보전부담금, 문화예술진흥법에 따른 미술작품의 설치 또는 문화예 술진흥기금에 출연하는 금액, 「산지관리법」에 따른 대체산림자 원조성비 등 관계 법령 에 따라 의무적으로 부담하는 비용

용어해설

농지보전부담금

농지의 보전 · 관리 및 조성을 위해서 원인자부담원칙에 따라 농지를 다른 용도로 전용하는 사업자에게 부과를 하는 경제적 부담을 말한다. 현재는 농지전용부담금이라 칭한다.

ⓔ 취득에 필요한 용역을 제공받은 대가로 지급하는 **용역비·수수료(건축 및 토지조성공사로 수탁자가 취득하는 경우 위탁자가 수탁자에게 지급하는 신탁수수료를 포함한다)**

ⓕ **취득대금 외에 당사자의 약정에 따른 취득자 조건 부담액과 채무인수액**

ⓖ 부동산을 취득하는 경우 「주택도시기금법」 제8조에 따라 매입한 국민주택**채권**을 해당 부동산의 취득 이전에 양도함으로써 발생하는 **매각차손**. 이 경우 금융회사 등 외의 자에게 양도한 경우에는 동일한 날에 금융회사 등에 양도하였을 경우 발생하는 매각차손을 한도로 한다.

ⓗ 붙박이 가구·가전제품 등 건축물에 부착되거나 일체를 이루면서 건축물의 효용을 유지 또는 증대시키기 위한 설비·시설 등의 설치 비용

☑ 과세표준(세칙 111-1)

1. 임시사용승인을 받아 사용하는 신축건물에 대한 취득세과세표준은 임시사용승인일을 기준으로 그 이전에 해당 건물취득을 위하여 지급하였거나 지급하여야 할 비용을 말한다.
2. 신축건물의 과세표준에는 분양을 위한 선전광고비(신문, TV, 잡지 등 분양광고비)는 제외하고 건축물의 주체구조부와 일체가 된 것은 과세표준으로 포함한다.

☑ 일괄취득시의 과세표준

토지와 건축물 등을 한꺼번에 취득하여 토지 또는 건축물 등의 취득가격이 구분되지 아니하는 경우에는 한꺼번에 취득한 가격을 토지와 건축물 등의 시가표준액 비율로 나눈 금액을 각각의 취득가액으로 한다(「지방세법 시행령」 제19조).

ⓒ 지방자치단체의 장은 특수관계인 간의 거래로 그 취득에 대한 조세부담을 부당하게 감소시키는 행위 또는 계산을 한 것으로 인정되는 경우(**부당행위계산**)에는 ㉠의 사실상 취득가액에도 불구하고 **시가인정액**을 취득당시가액으로 결정할 수 있다.

부당행위계산의 유형

부당행위계산은 특수관계인으로부터 **시가인정액보다 낮은 가격**으로 부동산을 **취득한 경우**로서 **시가인정액과 사실상취득가격의 차액이 3억원 이상**이거나 **시가인정액의 100분의 5에 상당하는 금액 이상**인 경우로 한다.

❤ 유상취득의 경우 과세표준

유상취득	과세표준	
	원 칙	사실상 취득가액
유상 승계취득	특수 관계인과의 거래로서 부당행위계산	지자체장이 시가인정액을 취득당시가액으로 인정할 수 있다
	부담부증여	채무상부담액은 사실상 취득가액을 적용하고 나머지부분은 증여취득으로 시가인정액에서 채무부담액을 뺀 잔액에 대해 과세표준 정한다.

③ 원시취득의 경우 과세표준

원시취득, 건축물의 개수	사실상 취득가	법인이 아닌 자가 건축물을 건축하는 경우로서 **사실상 취득가액을 확인할 수 없는 경우에는 시가표준액으로 한다.**

④ 무상취득의 과세표준, 유상승계취득의 과세표준, 원시취득의 과세표준 규정에도 불구하고 다음 ㉠의 경우는 경우는 다음의 취득당시가액으로 한다(지방세법 제10조의5 제3항).

㉠ 대물변제, 교환, 양도담보 등 유상거래를 원인으로 취득하는 경우

ⓐ 대물변제 : **대물변제액**(대물변제액 외에 추가로 지급한 금액이 있는 경우에는 그 금액을 포함한다). 다만, 대물변제액이 시가인정액을 초과하는 경우 취득당시가액은 시가인정액으로 한다.

ⓑ 교환 : **교환을 원인으로 이전받는 부동산등의 시가인정액과 이전하는 부동산등의 시가인정액**(상대방에게 추가로 지급하는 금액과 상대방으로부터 승계받는 채무액이 있는 경우 그 금액을 더하고, 상대방으로부터 추가로 지급받는 금액과 상대방에게 승계하는 채무액이 있는 경우 그 금액을 차감한다) **중 높은 가액**

ⓒ 양도담보 : 양도담보에 따른 **채무액**(채무액 외에 추가로 지급한 금액이 있는 경우 그 금액을 포함한다). 다만, 그 채무액이 시가인정액을 초과하는 경우 취득당시가액은 시가인정액으로 한다.

⑤ 취득으로 보는 경우의 과세표준

㉠ ⓐⓑ에 해당하는 경우의 취득당시가액은 그 변경으로 증가한 가액에 해당하는 사실상 취득가격으로 한다(지방세법 제10조의6 제1항).

ⓐ **토지의 지목을 사실상 변경한 경우**

ⓑ 선박, 차량 또는 기계장비의 용도변경한 경우

㉡ 토지의 지목을 사실상 변경한 경우로 증가한 가액에 해당하는 사실상 취득가액을 **알 수 없는 경우**에는 토지의 지목이 사실상 변경된 때를 기준으로 **변경 후 시가표준액에서 변경전의 시사표준액을 뺀 가액**으로 한다.

㉢ 도시개발사업의 시행으로 사업시행자가 체비지·보류지를 취득한 경우에는 해달 체비지·보류지의 분양가,체비지·보류지의 비중, 해당토지의 지목변경에 따른 취득가액을 고려하여 취득가액을 산정토록 한다. 도시개발사업 또는 정비사업의 시행으로 해당 부동산의 소유자가 당초 소유한 토지면적을 초과하여 취득한 경우에는 해당토지의 분야가 및 면적, 해당토지의 지목변경에 따른 취득가액으로 고려하여 취득가액을 산정한다.

| 요점정리 | **취득세 과세표준**

취득의 구분		과세표준
상속에 따른 무상취득		시가표준액
무상취득 (상속제외)	원 칙	시가인정액
	예 외	시가인정액을 산정하기 어려운 경우 : 시가표준액
		취득물건에 대한 시가표준액이 1억원 이하인 부동산의 무상취득 (상속 제외) : 시가인정액과 시가표준액 중 **납세자가 정하는 가액**
유상승계취득	사실상 취득가	특수관계인과의 거래로 부당행위 계산의 경우 : **지자체장이 시가인정액을 취득당시가액으로 결정할 수 있다.**
		부담부증여로 **채무상부담액은 사실상취득가액**을 적용하고 **나머지부문은 증여취득으로 시가인정액에서 채무부담액을 뺀 잔액**에 대해 과세표준 정한다.
원시취득 · 건축물 개수	사실상 취득가	법인이 아닌 자가 건축물을 건축하는 경우로서 사실상 취득가를 확인할 수 없는 경우는 시가표준액으로 한다.
대물변제		**대물변제액(추가 지급금액 포함)**. 다만, 대물변제액이 시가인정액을 초과하는 경우는 시가인정액으로 한다.
교 환		교환을 원인으로 이전받는 부동산 등의 시가인정액과 이전하는 부동산 등의 시가**인정액**(추가 지급금액과 상대방의 승계받은 채무액이 있는 경우는 그 금액을 더하고, 상대방으로부터 추가로 지급받은 금액과 상대방에게 승계하는 채무액이 있는 경우는 그 금액을 차감) **중 높은 가액**
양도담보		양도담보에 따른 채무액(추가 지급금액이 있으면 그 금액 포함). 다만, 채무액이 시가표준액을 초과하는 경우는 시가인정액으로 한다.
법인합병 · 분할 · 조직변경 원인 취득		시가인정액. 다만, 시가인정액을 산정하기 어려운 경우 시가표준액으로 한다.
토지지목변경		변경으로 증가한 가액에 해당하는 **사실상 취득가액**
		사실상 취득가액을 알 수 없을 때 변경 후 시가표준액에서 변경 전 시가표준액을 뺀 가액으로 한다.

기출 문제 취득세 과세표준

1. 지방세법령상 취득세의 취득당시가액에 관한 설명으로 옳은 것은? (단, 주어진 조건 외에는 고려하지 않음)   제34회
   ① 건축물을 교환으로 취득하는 경우에는 교환으로 이전받는 건축물의 시가표준액과 이전하는 건축물의 시가표준액 중 낮은 가액을 취득당시가액으로 한다.
   ② 상속에 따른 건축물 무상취득의 경우에는 시가표준액을 취득당시가액으로 한다.
   ③ 대물변제에 따른 건축물 취득의 경우에는 대물변제액(대물변제액 외에 추가로 지급한 금액이 있는 경우에는 그 금액을 제외한다)을 취득당시가액으로 한다.
   ④ 법인이 아닌 자가 건축물을 건축하여 취득하는 경우로서 사실상취득가격을 확인할 수 없는 경우에는 시가인정액을 취득당시가액으로 한다.
   ⑤ 법인이 아닌 자가 건축물을 매매로 승계취득하는 경우에는 그 건축물을 취득하기 위하여 「공인중개사법」에 따른 공인중개사에게 지급한 중개보수를 취득당시가액에 포함한다.

2. 지방세법상 사실상의 취득가격 또는 연부금액을 취득세 과세표준으로 하는 경우 사실상 취득가액에 포함되지 않는 것은?   제27회
   ① 전기사업법에 따라 전기를 사용하는 자가 분담하는 비용
   ② 법인의 건설자금에 충당한 차입금의 이자
   ③ 법인이 연부로 취득하는 경우 연부계약에 따른 이자상당액
   ④ 취득에 필요한 용역을 제공받은 대가로 지급하는 용역비
   ⑤ 취득대금 외에 당사자의 약정에 따른 취득자 조건 부담액

3. 「부동산 거래신고 등에 관한 법률」에 따른 신고서를 제출하여 같은 법에 따라 검증이 이루어진 유상취득에 대하여 취득세의 과세표준은 시가표준액으로 한다. (○, ×)
                                                                        제27회 변형

4. 취득세의 과세표준은 취득 당시의 가액으로 한다. 다만, 연부로 취득하는 경우의 과세표준은 매회 사실상 지급되는 금액을 말하여, 취득금액에 포함되는 계약보증금을 포함한다. (○, ×)

5. 법인장부로 토지의 지목변경에 든 비용이 입증되는 경우 토지의 지목변경에 대한 과세표준은 지목변경 전의 시가표준액에 그 비용을 더한 금액으로 한다. (○, ×)
                                                                        제24회 변형

Answer

1. ②
2. ①
3. ×, 시가표준액 ⇨ 사실상 취득가
4. ○
5. ×, 사실상 취득가

2 취득세의 세율

(1) 취득세의 세율구조는 차등비례세율로 표준세율·세율의 특례·중과세율로 구성되어 있다.

> **참고** 탄력세율
>
> 도지사는 조례가 정하는 바에 의하여 취득세의 세율을 **표준세율의 100분의 50 범위 안에서 가감 조정**할 수 있다. 탄력세율 적용시는 **해당년도에 한**한다(중과세율에는 탄력세율이 적용되지 아니한다).

(2) **표준세율** (제16회, 제17회, 제18회, 제23회, 제24회, 제26회, 제27회, 제30회, 제35회)

① 상속 취득	농지(논·밭·과수원·목장)			23/1,000
	농지 이외(임야, 나대지, 상가, 주택)			28/1,000

② 유상	농 지			30/1,000
	농지 외 (임야, 나대지, 상가건물)			40/1,000
	주택(무주택자)	6억원		10/1,000
		6억원~9억원		$[(취득가 \times 2/3억원) - 3] \times 100$
		9억원 초과		30/1,000

③ 원시취득	공유수면매립	28/1,000
	신 축	
	증축·개수 : 면적증가	

④ 증여취득	일 반	35/1,000
	비영리사업자(학교, 사회복지사업, 정당, 종교)	

⑤ 공유·합유·총유물의 **분할** ⇨ 23/1,000

⑥ 법인이 합병 또는 분할에 따라 농지 취득 ⇨ 30/1,000
⑦ 법인이 합병 또는 분할에 따라 농지 외 취득 ⇨ 40/1,000

> (삼) (팔) (장) (땡) + 20/1,000, (팔) (보) 채 (원시취득) + 20/1,000 = 28/1,000
> ┗농지 ┗유상농지, 법인 합병농지
>
> (광) (복) (절) (증여 취득)⇨ 8 *15 + 20/1,000
>
> (삼) (분) + 20/1,000 = 23/1,000 (유상) + (주택) ⇨ 6억원(10/1,000)
> ⇨ 9억원 초과 : 쓰리(30/1,000)

- 유상거래 원인으로 취득한 주택이란 「주택법」에 따른 주택으로서 「건축법」에 따른 건축물 대장, 등기부에 주택으로 기재되고, 건축물의 용도가 주거용으로 사용하는 건축물과 그 부속토지를 말한다.
- 주택을 신축 또는 증축한 **후** 해당 주거용 건축물의 소유자(배우자 및 직계존비속을 포함한다)가 해당 주택의 부속토지를 취득하는 경우에는 유상 거래를 원인으로 한 주택을 취득하는 경우의 세율을 적용하지 아니한다.
- 유상승계취득, 무상취득(상속·증여)으로 취득한 부동산이 공유물일 때에는 그 취득지분의가액을 과세표준으로 하여 각각의 세율을 적용한다(지방세법 제11조 제2항).
- 지분으로 취득한 주택의 취득 당시의 가액은 다음의 계산식에 따라 산출한 전체 주택의 취득 당시의 가액으로 한다.

> 전체의 주택 취득가액
> = 취득지분의 취득당시가액 × 취득당시시가표준액/전체주택의 시가표준액

기출문제 취득세 표준세율

1. 지방세법령상 부동산 취득에 대한 취득세의 표준세율로 옳은 것을 모두 고른 것은?

제35회

㉠ 상속으로 인한 농지의 취득: 1천분의 23
㉡ 법인의 합병으로 인한 농지 외의 토지 취득: 1천분의 40
㉢ 공유물의 분할로 인한 취득: 1천분의 17
㉣ 매매로 인한 농지 외의 토지 취득: 1천분의 19

① ㉠, ㉡   ② ㉡, ㉢   ③ ㉢, ㉣
④ ㉠, ㉡, ㉢   ⑤ ㉡, ㉢, ㉣

2. 「지방세법」상 취득세의 표준세율이 가장 높은 것은?

제30회

① 상속으로 건물(주택 아님)을 취득한 경우
② 「사회복지사업법」에 따라 설립된 사회복지 법인이 독지가의 기부에 의하여 건물을 취득한 경우
③ 영리법인이 공유수면을 매립하여 농지를 취득한 경우
④ 유상거래를 원인으로 「지방세법」 제10조에 따른 취득 당시의 가액이 6억원인 주택(「주택법」에 의한 주택으로서 등기부에 주택으로 기재된 주거용 건축물과 그 부속토지)을 취득한 경우
⑤ 유상거래를 원인으로 농지를 취득한 경우

1. ① ㉠, ㉡
   ㉢ 공유물의 분할로 인한 취득: 1천분의 23
   ㉣ 매매로 인한 농지 외의 토지 취득: 1천분의 40
2. ⑤

(3) 중요 세율의 특례

① 형식적 소유권 취득하는 경우

다음 각 ㉠~㉧ 어느 하나에 해당하는 취득에 대한 취득세는 표준세율에서 **중과기준세율** (1,000분의 20)**을 뺀** 세율로 한다.

> ㉠ **환매**등기를 병행하는 부동산의 매매로서 환매기간 내에 매도자가 환매한 경우의 그 매도자와 매수자의 취득
> ㉡ 건축물의 **이전**으로 인한 취득(이전한 건축물의 가액이 종전 건축물의 면적을 초과하는 경우에 그 초과하는 면적은 증축에 관한 원시취득으로 표준세율이 적용됨에 유념)
> ㉢ 공유물·합유물의 분할 또는 부동산 실권리자명의 등기에 관한 법률에서 규정하고 있는 부동산의 공유권 해소를 위한 지분이전으로 인한 취득(등기부등본상 본인 지분을 초과하는 경우는 제외)
> ㉣ 법인의 합병으로 인한 취득
> ㉤ 「민법」 제834조, 제839조의2 및 제840조에 따른 **재산분할**로 인한 취득
> ㉥ 상속으로 인한 "대통령령으로 정하는 1가구 1주택"의 취득
> ㉦ 상속으로 인한 취득세의 감면대상이 되는 농지의 취득
> ㉧ 그 밖의 형식적인 취득 등 취득 벌채하여 원목을 생산하기 위한 입목의 취득

② 등기·등록 대상이 아닌 취득

다음 각 ㉠~㉦의 어느 하나에 해당하는 취득에 대한 취득세는 **중과기준세율**(1,000분의 20)**을 적용한 세율**로 한다.

> ㉠ **개수**로 인한 취득(단, 개수로 인하여 **면적이 증가**한 경우에는 **원시취득으로** 표준세율)
> ㉡ 선박·차량과 기계장비 및 토지지목변경으로 토지의 가액 증가
> ㉢ 과점주주의 취득
> ㉣ 레저시설의 취득 등 대통령령으로 정하는 취득
> ㉤ 무덤과 이에 접속된 부속시설물의 부지로 사용되는 토지로서 지적공부상 **지목이 묘지인 토지의 취득**
> ㉥ 존속기간이 **1년 초과하는 임시건축물의 취득**

┃ 문제푸는 요령 ┃

취득세의 세율의 특례의 문제에는 "**중과기준세율**"이란 단어가 주어진다. **중과기준세율**이란 단어를 보고 "세율의 특례"문제구나 하고, 선다 ①②③④⑤를 보고 ⇨ 재산의 증가가 없으면 표준세율에서 1,000분의 20(중과기준세율)을 **뺀다** 하고, ⇨ 재산의 증가만 나타나면 **1,000분의 20**(중과기준세율)을 적용하면 된다.

기출 문제 취득세 세율의 특례

1. 「지방세법」상 취득세 표준세율에서 중과기준세율을 뺀 세율로 산출한 금액을 그 세액으로 하는 것으로만 모두 묶은 것은?   제28회

> ㉠ 환매등기를 병행하는 부동산의 매매로서 환매기간 내에 매도자가 환매한 경우의 그 매도자와 매수자의 취득
> ㉡ 존속기간이 1년을 초과하는 임시건축물의 취득
> ㉢ 「민법」 제839조의2에 따라 이혼시 재산분할로 인한 취득
> ㉣ 등기부등본상의 본인 지분을 초과하지 않는 공유물의 분할로 인한 취득

① ㉠, ㉡   ② ㉡, ㉣   ③ ㉢, ㉣
④ ㉠, ㉡, ㉢   ⑤ ㉠, ㉢, ㉣

2. 「지방세법」상 취득세액을 계산할 때 중과기준세율만을 적용하는 경우를 모두 묶으시오.   제24회

> ㉠ 개수로 인하여 건축물 면적이 증가하는 경우 그 증가된 부분
> ㉡ 토지의 지목을 사실상 변경함으로써 가액이 증가한 경우
> ㉢ 법인설립 후 유상증자시에 주식을 취득하여 최초로 과점 주주가 된 경우
> ㉣ 상속으로 농지를 취득한 경우

Answer

1. ⑤ 표준세율에서 중과기준세율을 뺀 세율이 적용되는 경우는 ㉠, ㉢, ㉣이다. ㉡은 중과기준세율이 적용된다.
2. ㉡, ㉢(개수 − 면적증가 : 1,000분의 28, 상속 − 농지 : 1,000분의 23)

(4) 취득세의 중과세율

출제경향 취득세의 중과세율은 1. 사치성 재산, 2. 과밀억제권역 내, 3. 대도시 내, 4. 다주택자의 주택 취득으로 구성되나, 시험과 연접하여 볼 때, 제20회 이후에서는 문제가 잘나오지 않고 선다 ①②③④⑤에 가끔 끼어가니 간결하게 설명한다.

① 사치성 재산

> 사치성재산(고급주택 · 고급오락장 · 고급선박 · 골프장)
> ⇨ 표준세율에 중과기준세율의 100분의 400을 합한 세율
> 암기법: 쓰 리 고 에 골 때려 써 ~ 팔 ⇨ 표준세율 + 8%

㉠ 고급주택의 요건

구 분		요 건
단독주택	ⓐ+ⓑ+ⓒ ⓐ+ⓑ+ⓓ	ⓐ 주택의 시가표준액이 9억원 초과 ⓑ 건물의 가액(시가표준액) : 9,000만원 초과 ⓒ 건물의 연면적 : 331m² 초과 ⓓ 대지면적 : 662m² 초과
	ⓐ+ⓑ	ⓐ 주택의 시가표준액이 9억원 초과 ⓑ 엘리베이터(적재하중 200kg 이하의 소형 엘리베이터 제외) 설치
		에스컬레이터 또는 67m² 이상의 수영장 중 1개 이상 설치 (공동주택 제외)
공동주택	ⓐ+ⓑ ⓐ+ⓒ	ⓐ 주택의 시가표준액이 9억원 초과 ⓑ 주택의 연면적(공용면적 제외) 245m² 초과 ⓒ 단, 복층형은 274m² 초과(1개 층이 245m² 초과하는 것은 고급주택으로 본다)

- 고급주택에 부속된 토지의 경계가 명확하지 아니할 때에는 그 건축물 바닥면적의 10배에 해당하는 토지를 그 부속토지로 본다.
- 주거용 건축물을 취득한 날부터 60일[상속으로 인한 경우는 상속개시일이 속하는 달의 말일부터, 6개월(납세자가 외국에 주소를 둔 경우에는 각각 9개월)] 이내에 주거용이 아닌 용도로 사용하거나 고급주택이 아닌 용도로 사용하기 위하여 용도변경공사를 착공하는 경우는 제외한다.
- 겸용주택의 경우 주거용에 공하는 부분을 기준으로 고급주택 해당여부를 판단한다.

㉡ 고급오락장

- 의의: 도박장, 유흥주점영업장, 특수목욕장 그 밖에 이와 유사한 용도에 사용되는 건축물과 그 부속토지를 말한다.

㉢ 고급선박

- 의의: 비업무용 자가용 선박으로서 시가표준액 3억원을 초과하는 선박을 말한다.

  ② 골프장

> • 의의: 체육시설의 설치·이용에 관한 법률에 따른 회원제 골프장용 부동산 중 구분등록
> 의 대상이 되는 토지와 건축물 및 그 토지상의 입목을 말한다.
> <u>주의</u> 대중골프장, 골프연습장, 골프 **회원권**은 골프장에 포함되지 아니한다. ➡ 세율은 표준
>   세율이 적용된다.

③ **과밀억제권역 내에서의 중과세**

> **과밀억제권역 안의 취득 등 중과**
> 다음 각 ㉠㉡의 어느 하나에 해당하는 경우의 취득세율은 표준세율에 **중과기준세율(1,000
> 분의 20)의 100분의 200을 합한 세율**을 적용한다.
>
> > 표준세율+(2% × 2배, 즉 4%)
>
> ㉠ 「수도권정비계획법」상 **과밀억제권역**(산업단지·유치지역 및 공업지역은 제외한다)에서
> **공장을 신설하거나 증설하기 위하여 사업용 과세물건을 취득하는 경우**
> ㉡ 「수도권정비계획법」상 **과밀억제권역**에서 대통령령으로 정하는 **본점이나 주사무소의 사
> 업용 부동산**(본점이나 주사무소용 건축물을 **신축하거나 증축하는 경우**와 그 부속토지만
> 해당한다)을 취득하는 경우
> <u>참고</u> **도시형 업종**에 속하는 경우, 부동산을 취득한 날부터 <u>5년 이상</u> **경과한 후** 공장을 신설
>   하거나 증설하는 경우, 공장 업종변경은 **중과하지 않는다.**
> <u>참고</u> 중과세 제외되는 도시형 업종 ➡ ① 사회기반 시설 사업, ② 은행업, ③ 전기통신사
>   업, ④ 첨단기술산업과 첨단업종, ⑤ 유통산업, ⑥ 의료업 등

④ **대도시 내에서의 중과세**

> ㉠ <u>대도시</u>에서 <u>법인을 설립</u>[휴면(休眠)법인 포함]하거나 지점 또는 분사무소를 설치하는 경
> 우 및 법인의 본점·주사무소·지점 또는 분사무소를 대도시로 전입함에 따라 대도시의
> 부동산(「신탁법」에 따른 수탁자가 취득한 신탁재산을 포함한다)을 취득하는 경우 증과
> 세율이 적용된다.
>
> > "대도시"에 설치가 불가피하다고 인정되는 업종으로서 대통령령으로 정하는 업종(대도
> > 시 중과 제외 업종)에 직접 사용할 목적으로 부동산을 취득하거나, 법인이 사원에 대한
> > 분양 또는 임대용으로 직접 사용할 목적으로 대통령령으로 정하는 주거용 부동산(사원
> > 주거용 목적 부동산)을 취득하는 경우의 취득세는 해당 표준 세율을 적용한다.
>
> ㉡ 세율: 대도시 내의 중과세율은 <u>표준세율의 100분의 300</u>에서 <u>중과기준세율(1,000분의</u>
> <u>20)의 100분의 200을 뺀</u> 세율을 적용한다. ➡ (표준세율 × 3)−4%

┃ 문제푸는 요령 ┃

> 취득세의 문제에서 **"대도시"**라는 단어가 있으면 이를 **개별적 문제의** key로 잡고, 문장에서
> *사택, *중과제외업종(은행업, 유통업, 의료업, 전기통신업)* 단어가 **있으면** 끝말은 **중과제
> 외**한다....**없으면** 끝말은 **중과한다.**

⑤ **법인의 유상주택 취득 또는 다주택자의 주택 취득경우의 중과**

구 분	중과세율
법인의 유상 원인으로 주택 취득	유상 농지 이외의 세율을 표준세율(1,000분의40)에 중과기준세율의 100분의 400을 합한 세율을 적용한다. ⇨ 12%
1세대 2주택에 해당하는(대통령령으로 정하는 일시적 2주택은 제외)에 해당하는 주택으로서 조정대상지역에 있는 주택을 유상 취득하는 경우 **1세대 3주택에 해당하는 주택으로서 조정대상지역 외의 지역에 있는 주택을 유상 취득하는 경우**	유상 농지 이외의 세율을 표준세율로하여 표준세율(1,000분의 40)에 중과기준세율의 100분의 200을 합한 세율을 적용한다. ⇨ 8%
1세대 3주택 이상에 해당하는 주택으로서 조정대상지역에 있는 주택을 유상 취득하는 경우 **1세대 4주택 이상에 해당하는 주택으로서 조정대상지역 외의 지역에 있는 주택을 취득하는 경우**	유상 농지 이외의 세율을 표준세율(1,000분의 40)에 중과기준세율의 100분의 400을 합한 세율을 적용한다. ⇨ 12%
조정대상지역에 있는 주택으로서 시가표준액 3억원 이상의 주택을 무상취득(= 증여 취득)을 원인으로 취득하는 경우	표준세율 1,000분의 35에도 불구하고 유상 농지 이외의 세율을 표준세율(1,000분의 40)에 중과기준세율의 100분의 400을 합한 세율을 적용한다. ⇨ 12% 다만, 1세대 1주택자가 소유한 주택을 배우자 또는 직계존비속이 무상취득하는 등 대통령령으로 정하는 경우는 제외한다.

☒ **법인이 사원에 대한 임대용으로 직접사용할 목적으로 건축물대장에 호수별** 전용면적(60m²)
  이 구분되어 기재되어 있는 다가구 주택을 취득하는 경우에는 중과세율이 적용되지 아니
  한다.

☒ **주택 수 판단 범위 ⇨ 주택 수에 가산되는 경우**
1. **신탁된 주택은 위탁자의 주택 수에 가산**한다.
2. **조합원입주권 소유자의 주택 수에 가산**한다.
3. 주택으로 과세하는 <u>오피스텔은 해당 오피스텔을 소유한 자의 주택 수에 가산</u>한다.

기출문제 취득세 중과세율

1. 세대별 소유주택 수에 따른 중과 세율을 적용함에 있어 주택으로 재산세를 과세하는 오피스텔(2025년 취득)은 해당 오피스텔을 소유한 자의 주택 수에 가산하지 아니한다. (○, ×)
   제33회

2. 「지방세법」상 아래의 부동산 등을 신(증)축하는 경우 취득세가 중과(重課)되는 것은 몇 개인가?
   (단, 「지방세법」상 중과요건을 충족하는 것으로 가정함)
   제23회

   > ㉠ 병원의 병실   ㉡ 골프장
   > ㉢ 고급주택   ㉣ 백화점의 영업장
   > ㉤ 과밀억제권역 내 법인 본점의 사무소전용 주차타워

3. 「지방세법」상 취득세 부동산 취득의 세율에 중과기준세율의 100분의 400을 합한 세율을 적용하여 중과세율이 적용되는 취득세 과세대상은 다음 중 모두 몇 개인가?   제21회 변형

   > ㉠ 임・직원 등이 사용하는 법인 소유의 고급주택
   > ㉡ 골프장
   > ㉢ 고급오락장
   > ㉣ 과밀억제권역 안에서 법인 본점으로 사용하는 사업용부동산의 신설, 증설

4. 대도시에서 법인이 사원에 대한 임대용으로 직접 사용할 목적으로 사원거주용 목적의 공동주택(1구의 건축물의 연면적이 60제곱미터 이하임)을 취득하는 경우에는 중과세율을 적용한다. (○, ×)
   제25회

Answer

1. ×, 주택 수에 가산
2. 3개(㉡, ㉢, ㉤)
3. 3개(㉠, ㉡, ㉢)
4. ×, 중과 제외

MEMO

등록면허세

등록면허세는 해년마다 1문제~2문제 출제되는 부분으로 이 등록면허세는 납세의무자, 과세표준에 대해 중점 학습을 요한다.

제1절 **등록면허세의 개념**

1 등 록

① "등록"이란 재산권과 그 밖의 권리의 설정 · 변경 또는 소멸에 관한 사항을 공부에 등기하거나 등록하는 것을 말한다.

문제푸는 요령

등록면허세의 등록이란 **등기부 을구에 잉크를 묻힌 경우** 과세라고 알고있으면 서류상인 형식주의 또는 명의자과세 원칙임을 알 수 있다.

② 다만, 취득세에 따른 취득을 원인으로 이루어지는 등기 또는 등록은 제외하되, 다음의 ㉠~㉣ 어느하나에 해당하는 등기나 등록은 포함한다

㉠ **광** 업권 및 **어** 업권 · **양** 식업권의 취득에 따른 등록
㉡ **외국인** 소유의 취득세 과세대상 물건의 연부 취득에 따른 등기 또는 등록
㉢ 취득세 부과**제척기간이 경과**한 물건의 등기 또는 등록
㉣ 취득가액이 **50만원 이하**에 물건의 등기 또는 등록

암기법

등록면허세의 문제에서 *광..어..양식, 외국인 소유,, 제척기간만료..취득가액이 50만원 이하 있으면.. 이 취득은 등록면허세 과세 "광..어.., 외국인 소유,, 제척..취득가액 50만원 이하" **없는** 취득에 따른 등기는 **등록면허세 과세하지 않는다.**

2 납세의무

① **납세의무 성립**: 공부상 등기·등록을 하는 때에 납세의무가 성립된다.
   등기등록을 이행하고, 등록면허세를 납부한 후 등기·등록의 원인이 무효 또는 취소되어 **그 등기·등록이 말소되는 경우**에는 이미 등록 행위를 갖추었기 때문에 앞서 성립된 납세의무에는 아무런 영향을 미치지 않는다.
② **납세의무 확정**: 등록에 대한 등록면허세는 지방세로서 도·구에 해당되는 세목으로 납세의무자가 과세표준과 세액을 지방자치단체에 **신고**하는 때에 **확정**된다.

3 등록면허세 부과징수 방법

(1) 원칙 : 신고납부

① **등록**을 하려는 자는 과세표준에 세율을 적용하여 산출한 세액을 **등록을 하기 전까지** 납세지를 관할하는 지방자치단체의 장에게 **신고하고 납부**하여야 한다.
② 등록면허세 과세물건을 **등록한 후에** 해당 과세물건이 **중과세 세율의 적용대상**이 되었을 때에는 중과세대상된 날부터 **60일 이내**에 중과세 세율을 적용하여 산출한 세액에서 이미 납부한 세액(**가산세는 제외**한다)을 공제한 금액을 세액으로 하여 납세지를 관할하는 지방자치단체의 장에게 신고하고 납부하여야 한다.
③ 이 법 또는 다른 법령에 따라 등록면허세를 비과세, 과세면제 또는 **경감받은 후에** 해당 과세물건이 등록면허세 **부과대상 또는 추징대상**이 되었을 때에는 (1)에도 불구하고 그 사유 발생일부터 **60일 이내**에 해당 과세표준에 세율을 적용하여 산출한 세액(**가산세는 제외**)을 납세지를 관할하는 지방자치단체의 장에게 신고하고 납부하여야 한다.

④ ①부터 ③까지의 규정에 따른 **신고의무를 다하지 아니한 경우에도 등록면허세 산출세액을 등록을 하기 전까지**(② 또는 ③의 경우에는 해당 규정에 따른 신고기한까지) **납부하였을 때에는** ①부터 ③까지의 규정에 따라 **신고를 하고 납부한 것**으로 본다. 이 경우 <u>무신고 불성실에 따른 가산세를 부과하지 아니한다.</u>

│ 문제푸는 요령 │

등록면허세의 문제의 문장에 "**등록하기 전까지 납부**"이란 말이 있으면 개별적 **문제의 key**로 잡고 point는 "**무신고 가산세 부과하지 아니한다.**"이다.

⑤ 채권자 대위자는 납세의무자를 대위하여 부동산 등기에 대한 등록면허세를 신고·납부할 수 있다. 지방자치단체장은 채권자 대위자의 신고·납부가 있는 경우 납세의무자에게 그 사실을 즉시 통보해야 한다.

4 등록에 대한 등록면허세의 납세의무자 : 등록을 하는 자

> ▌ 문제푸는 요령 ▐
>
> 문장을 보면서 **누가 기록된 가**를 살펴보고 **그 기록된 자가** 등록면허세 **납세의무자이다.**
> 1. ...○○**권**...... ⇨ ○○**권자**
> 2. ...○○권 **말소**...설정자인 **소유자**
> 3. ...**채권자 대위**...⇨ **소유자**
> 채권자 대위자는 소유자를 대신하여 신고납부 할수 있다. 지자체장은 그 사실을 납세의무자
> 에게 즉시 통보한다.

① 甲소유의 미등기 건물에 대해 乙이 채권확보를 위해 법원의 판결에 의한 소유권이전등기를 甲의 명의로 등기할 경우의 등록면허세의 납세의무는 甲에게 있다.

② 법원의 가압류결정에 의한 가압류등기의 촉탁에 의하여 그 전제로 소유권 보존등기가 선행된 경우 등록면허세 미납부에 대한 가산세의 납세의무자는 소유권보존등기자이다.

③ 지방자치단체로 소유권이 이전되는 경우에 있어 그 전제가 되는 전세권, 가등기, 압류등기 등의 해제는 물론 성명의 복구나 소유권의 보존 등 **일체의 채권자대위적 등기**에 대하여는 그 **소유자가 등록면허세를 납부하여야 한다.**

5 납세지

① **부동산 등기** : 부동산 소재지

② 납세지가 분명하지 아니한 경우에는 등록관청 소재지를 납세지로 한다.

③ 같은 등록에 관계되는 재산이 둘 이상의 지방자치단체에 걸쳐 있어 등록면허세를 지방자치단체별로 부과할 수 없을 때에는 등록관청 소재지를 납세지로 한다.

④ 같은 채권의 담보를 위하여 설정하는 둘 이상의 저당권을 등록하는 경우에는 이를 하나의 등록으로 보아 그 등록에 관계되는 재산을 처음 등록하는 등록관청 소재지를 납세지로 한다.

6 등록면허세의 비과세

① 국가, 지방자치단체, 지방자치단체조합, 외국정부 및 주한국제기구가 자기를 위하여 받는 등록 또는 면허에 대하여는 등록면허세를 부과하지 아니한다.

> 지방세법 기본통칙 26-1 【국가 등에 관한 비과세】 1. 지방세의 체납으로 인하여 압류의 등기 또는 등록을 한 재산에 대하여 압류해제의 등기 또는 등록 등을 할 경우에는 등록면허세가 비과세이다.

2. 국가와 지방자치단체가 공익사업을 위한 토지 등의 취득 및 보상에 관한 법률에 따라 공공사업 (도로신설 및 도로확장 등)에 필요한 토지를 수용하여 공공용지에 편입하기 위해 행하는 분필등 기, 공유물분할등기는 국가와 지방자치단체가 자기를 위하여 하는 등기에 해당하므로 등록면허 세가 비과세이다.

② 다음 각 어느 하나에 해당하는 등록 또는 면허에 대하여는 등록면허세를 부과하지 아니 한다.

㉠ 「채무자 회생 및 파산에 관한 법률」상 법원 사무관 등의 촉탁이나 등기소의 직권에 의한 등기ㆍ등록

㉡ 행정구역의 변경, 주민등록번호의 변경, 지적(地籍) 소관청의 지번 변경, 계량단위의 변경, 등록 담당 공무원의 착오 및 이와 유사한 사유로 인한 등록으로서 주소, 성명, 주민등록번호, 지번, 계량단위 등의 단순한 표시 변경ㆍ회복 또는 경정 등록

㉢ 지목이 묘지인 토지 등 무덤과 이에 접속된 부속시설물의 부지로 사용되는 토지로서 지적공부상 지목이 묘지인 토지에 관한 등기

기출문제 | 등록면허세 개념

1. 거주자인 개인 乙은 甲이 소유한 부동산(시가 6억원)에 전세계약을 체결하고, 전세권 설정등 기를 하였다. 이 경우 등록면허세의 납세의무자는 乙이다. (○, ×)   제32회

2. 거주자인 개인 乙은 甲이 소유한 부동산(시가 6억원)에 전세권 설정등기를 하였다. 이 경우 등록면허세의 납세지는 甲의 주소지이다. (○, ×)   제32회

3. 부동산 등기에 대한 등록면허세의 납세지는 부동산 소재지로 하며, 납세지가 분명하지 아니 한 경우에는 등록관청 소재지로 한다. (○, ×)   제31회, 제33회

4. 부동산 소재지와 乙의 주소지가 다를 경우 등록면허세의 납세지는 乙의 주소지로 한다. (○, ×)   제29회

5. 만약 丙이 甲으로부터 전세권을 이전받아 등기하는 경우라면 등록면허세의 납세의무자는 丙이다. (○, ×)

6. 근저당권 설정등기의 경우 등록면허세의 납세의무자는 근저당권자이다. (○, ×)   제23회

7. 근저당권 말소등기의 경우 등록면허세의 납세의무자는 근저당권설정자 또는 말소대상 부동 산의 현재 소유자이다. (○, ×)   제23회

8. 대법원판례는 등기가 사후에 원인무효로 말소되면 등록면허세 부과처분이 취소된다고 한 다. (○, ×)

9. 무덤과 이에 접속된 부속시설물의 부지로 사용되는 토지로서 지적공부상 지목이 묘지인 토지에 관한 등기에 대하여는 등록면허세를 부과하지 아니한다. (○, ×) 제24회, 제28회

10. 지방세의 체납으로 인하여 압류의 등기를 한 재산에 대하여 압류해제의 등기를 할 경우 등록면허세가 비과세된다. (○, ×) 제24회

Answer

1. ○
2. ×, 납세지는 부동산 소재지
3. ○
4. ×, 부동산 소재지
5. ○
6. ○
7. ○
8. ×, 이미납부한 등록면허세에는 영향을 미치지 아니한다.
9. ○
10. ○

제2절 등록면허세 세액 산정

1 등록에 대한 등록면허세의 세액 산정

등록에 대한 등록면허세의 과세표준 × 해당되는 세율 = 세액

① **등록에 대한 등록면허세의 과세표준**: 부동산, 선박, 항공기, 자동차 및 건설기계의 등록에 대한 등록면허세의 과세표준은 **등록 당시의 가액**으로 한다. 이는 등록자의 신고에 따른다.
  ㉠ 시가표준액으로 하는 경우
    신고가 없거나 신고가액이 시가표준액보다 적은 경우에는 그 등록당시의 시가표준액에 의한다.

등록면허세로 과세되는 취득을 원인으로 한 등기, 등록의 경우로 ⓐⓑⓒ **취득세의 취득당시가액**을 과세표준으로 한다. ⓒ는 취득당시가액과 등록당시가액 중 높은 가액으로 한다.
ⓐ 광업권 및 어업권의 취득에 따른 등록
ⓑ 외국인 소유의 취득세 과세대상 물건(차량, 기계장비, 항공기 및 선박만 해당한다)의 연부 취득에 따른 등기 또는 등록
ⓒ 「지방세기본법」 제38조에 따른 취득세 부과제척기간이 경과한 물건의 등기 또는 등록

76 제2편 지방세

ⓓ 「지방세법」 제17조(취득가액이 50만원 이하일 때에는 취득세를 부과하지 아니한다)에
해당하는 물건의 등기 또는 등록

ⓛ 자산재평가 또는 감가상각으로 가액이 달라진 경우
자산재평가 또는 감가상각 등의 사유로 **변경된 가액을 과세표준**액으로 할 경우에는
등기 · 등록일 현재의 법인장부 또는 결산서 등에 의하여 입증되는 가액을 과세표준액
으로 한다.

ⓒ 건수에 의한 과세표준
말소등기 · 지목변경등기 · 토지의 합병(합필)등기 · 건물의 구조변경등기 등은 건수를
과세표준으로 한다. 이때 매 1건이란 등기 또는 등록대상 건수 1건을 말한다.

> **주의**
> 등록면허세의 문제에서 **말소등기** 또는 **변경등기**의 단어가 있을 때는 **건당 6,000원 과세함**
> 에 주의해야 한다.
> **예** 등록면허세에서 저당권 설정등기의 경우는 채권금액의 1,000분의 2로 세액 산정되나, 저
> 당권 말소 등기의 경우는 건당 6,000원으로 과세한다.

ⓔ 각 등기 · 등록의 경우 과세표준과 세율
ⓐ 지방자치단체의 장은 조례로 정하는 바에 따라 **부동산**에 관한 등록면허세의 세율을
표준세율의 100분의 50의 범위에서 가감할 수 있다.
ⓑ 같은 물건에 대하여 둘 이상의 세율이 해당되는 경우 그중 **높은 세율**을 적용한다.

구 분		과세표준	세 율
소유권의 보존등기		부동산가액	1,000분의 8
소유권의 이전등기	유 상****		1,000분의 20
	상 속		1,000분의 8
	상속 외의 무상		1,000분의 15
소유권 외의 물권과 임차권의 설정 및 이전	지상권**	부동산가액	1,000분의 2
	가등기	채권금액 또는 부동산가액	
	지역권	요역지가액	
	전세권	전세금액	
	임차권	월 임대차금액	
	저당권***, 경매신청, **가압류, 가처분**	채권금액 / 채권금액을 알 수 없는 경우는 처분제한목적이 된 금액을 채권금액으로 한다.	
그 밖의 등기		매 1건당	6,000원*

＊세액이 6천원 미만일 때에는 6천원으로 한다.

등록에 대한 등록면허세에서의 중과세율(표준세율의 3배)

다음 각 ①②의 어느 하나에 해당하는 등기를 할 때에는 그 세율을 **표준 세율**의 100분의 300으로 한다. 다만, 「수도권정비계획법」상 과밀억제권역에서 산업집적활성화 및 공장설립에 관한 법률을 적용받는 산업단지는 제외한다.

① **대도시**에서 법인을 설립(설립 후 또는 휴면법인을 인수한 후 5년 이내에 자본 또는 출자액을 증가하는 경우를 포함한다)하거나 지점이나 분사무소를 설치함에 따른 등기

② 대도시 밖에 있는 법인의 본점이나 주사무소를 **대도시로 전입**(전입 후 5년 이내에 자본 또는 출자액이 증가하는 경우를 포함한다)함에 따른 등기. 이 경우 전입은 법인의 설립으로 보아 세율을 적용한다.

③ **중과세 제외** ⇨ 대도시 중과 제외 업종은 중과 제외한다. 단, 대도시 중과 제외 업종으로 법인등기를 한 법인이 정당한 사유 없이 그 등기일부터 2년 이내에 대도시 중과 제외 업종 외의 업종으로 변경하거나 대도시 중과 제외 업종 외의 업종을 추가하는 경우 그 해당 부분에 대하여는 중과세율을 적용한다.

참고 대도시 중과 제외 법인

1. 사회기반시설사업 2. 은행업 3. 전기통신사업 4. 첨단기술산업과 첨단업종
5. 의료업 6. 자원재활용업종 7. 할부금융업 8.임대사업자

기출 문제 등록면허세 과세표준 또는 세율

1. 채권금액으로 과세액을 정하는 경우에 일정한 채권금액이 없을 때에는 채권의 목적이 된 것의 가액 또는 처분의 제한의 목적이 된 금액을 그 채권금액으로 본다. (○, ×)

제21회, 제30회, 제33회

2. 거주자인 개인 乙은 甲이 소유한 부동산(시가 6억원)에 전세기간 2년, 전세보증금 3억원으로 하는 전세계약을 체결하고, 전세권 설정등기를 하였다. 이 경우의 등록면허세의 과세표준은 6억원이고, 표준세율은 1,000분의 8이다. (○, ×)

제32회

3. 부동산 등록에 대한 신고가 없는 경우 취득 당시 시가 표준액의 100분의 110을 과세표준으로 한다. (○, ×)

제31회, 제33회

4. 등록 당시에 감가상각의 사유로 가액이 달라진 경우 그 가액에 대한 증명여부에 관계없이 변경 전 가액을 과세표준으로 한다. (○, ×)

제24회, 제31회

5. 등록을 하려는 자가 신고의무를 다하지 않은 경우 등록면허세 산출세액을 등록하기 전까지 납부하였을 때에는 신고·납부한 것으로 보지만 무신고 가산세가 부과된다. (○, ×)

제26회, 제27회, 제30회

6. 부동산을 등기하려는 자는 과세표준에 세율을 적용하여 산출한 세액을 등기를 하기 전까지 납세지를 관할하는 지방자치단체의 장에게 신고·납부하여야 한다. (○, ×)   제23회

7. 등록에 대한 등록면허세의 과세표준에 대한 설명으로서 옳은 것은 몇 개인가?

> ㉠ 전세권 말소등기시 전세금액이 과세표준이다.
> ㉡ 저당권 설정등기시 담보물건의 가액이 과세표준이다.
> ㉢ 지역권 설정등기시 승역지의 가액이 과세표준이다.
> ㉣ 임차권 변경등기시 승역지의 가액이 과세표준이다.
> ㉤ 지상권 설정등기시 지료가 과세표준이 된다.

8. 부동산등록에 대한 등록면허세의 신고·납부기간은 당해 부동산의 취득일로부터 60일 이내이다. (○, ×)   제23회

9. 부동산등록에 대한 등록면허세를 비과세 받은 후 당해 부동산이 등록면허세 추징대상이 된 경우에는 그 사유발생일부터 60일 이내에 등록면허세를 신고·납부하여야 한다. (○, ×)   제17회

10. 지방자치단체로 소유권이 이전되는 경우에 있어 그 전제가 되는 전세권, 가등기, 압류등기 등의 해제는 물론 성명의 복구나 소유권의 보존 등 일체의 채권자대위적 등기에 대하여는 비과세한다. (○, ×)

11. 타인의 토지상에 지상권을 설정할 경우 토지소유자가 납세의무자가 된다. (○, ×)

12. 등기 담당 공무원의 착오로 인한 지번의 오기에 대한 경정등기에 대해서는 등록면허세를 부과하지 아니한다. (○, ×)   제31회

13. 「한국은행법」및「한국수출입은행법」에 따른 은행업을 영위하기 위하여 대도시에 법인을 설립함에 따른 등기를 한 법인이 그 등기일부터 2년 이내에 업종변경이나 업종 추가가 없는 때에는 등록면허세의 세율을 중과하지 아니한다. (○, ×)   제31회

14. 지방자치단체의 장은 등록면허세의 세율을 표준세율의 100분의 60의 범위에서 가감할 수 있다. (○, ×)   제31회

15. 부동산가압류에 대한 등록면허세의 세율은 부동산가액의 1천분의 2로 한다. (○, ×)   제27회, 제31회

Answer

1. ○
2. ×, 등록면허세의 과세표준은 3억원이고, 표준세율은 1,000분의 2
3. ×, 등록당시 시가표준액
4. ×, 장부입증된 변경된 가액
5. ×, 신고한 것으로 보아 무신고가산세는 가산되지 아니한다.
6. ○
7. 옳은 것은 없다.
   ㉠ 전세권 말소등기 – 건당, ㉡ 저당권 설정등기 – 채권금액, ㉢ 지역권 설정등기 – 요역지의 가액, ㉣ 임차권 변경등기 – 건당, ㉤ 지상권 설정 – 부동산가액
8. ×, 등기 전까지 신고납부
9. ○
10. ×, 소유자에게 부과
11. ×, 지상권자
12. ○
13. ○
14. ×, 표준세율의 50%
15. ×, 채권금액의 1,000분의 2

MEMO

재산세

재산세의 개요

> 재산세의 개요는 매번마다 1문제 출제되는 부분으로 이는 **재산세 과세표준, 주택,** 재산세 세부담 상한 등에 대해 중점 학습을 한다.

1 재산세

재산세는 재산(토지·건축물·주택·선박·항공기)의 보유사실에 대하여 보유재산으로부터 발생될 것으로 추정되는 사용·수익을 세원(稅源)으로 하여 재산의 소유자에게 매년 1년 단위로 **보통징수**방법으로 부과·징수하는 <u>지방세로서 시·군·구세이며, 보통세</u>이다.

① **납세의무 성립**: 과세기준일로 6월 1일

② **납세의무 확정**: 지방자치단체의 세액 결정에의해 세액이 확정된다.

③ **부과징수방법**: 보통징수

> 보통징수방법이란 지방자치단체가 세액산정(= 세무공무원이 **세액 결정**하여 고지서발부로 징수하는 방법으로 납세의무자의 신고에 의해 세액이 확정되지 않기 때문에 **재산세는 가산세 규정이 없다. 수정신고, 기한 후 신고 규정도 없다.**

2 사실과세

① 과세대상 물건이 공부상 등재현황과 사실상 현황이 상이한 경우에는 사실상 현황에 의하여 재산세를 부과(실질과세원칙)한다.

② 다만, 재산세 과세대상 물건을 **공부상 등재현황과 달리 이용함으로써** 재산세의 부담이 낮아지는 경우에는 **공부상 등재 현황**에 의한다.

> "재산세의 과세대상 물건을 공부상 등재현황과 달리 이용함으로써 재산세 부담이 낮아지는 경우"란 다음의 경우를 말한다.
> 1. 허가 등을 받지 않고 재산세의 과세대상 물건을 이용하는 경우로서 사실상 현황에 따라 재산세를 부과하면 오히려 재산세 부담이 낮아지는 경우
> 2. 현재의 사용이 일시적으로 공부상 등재현황과 달리 사용으로 인정되는 경우

3 재산(과세대상물)

재산세의 재산 즉 재산세의 과세대상물은 토지, 건축물, **주택**(⇨ **주택이란** 주택건물과 그 부속토지를 합한 1물건), 선박, 항공기로서 개별과세 즉, 물건별 과세를 원칙으로 하나 예외적으로 토지에 시·군·구별로 소유자에 대해 종합합산하여 과세, 토지에 시·군·구별로 소유자에 대해 별도합산하여 과세하므로 인세성격과 물세성격을 가지고 있다.

① 물건별 과세

> 재산세를 징수하고자 하는 때에는 토지, 건축물, 주택, 선박 및 항공기로 **구분한** 납세고지서에 과세표준과 세액을 기재하여 늦어도 납기개시 5일 전까지 발부하여야 한다.

> • 납세고지서를 발급하는 경우 토지에 대한 재산세는 한 장의 납세고지서로 발급하며, 토지 외의 재산에 대한 재산세는 건축물·주택·선박 및 항공기로 구분하여 과세대상 물건마다 각각 한 장의 납세고지서로 발급할 수 있다.

㉠ 주 택

"주택"이란 단어는 주택과 부수토지를 합한 1물건으로 하여 0.1%~0.4%의 누진세율을 적용하여 주택별로 세액 산정한다. 토지·건축물에는 주택을 제외한다.

ⓐ **재산세에서 주택의 경우는 누진세율이 적용**됨을 꼭 염두. 주택에 대한 재산세는 0.1%~0.4%의 초과누진세율을 적용하기 때문에 고급주택을 따로 적용하지는 않는다(고급주택도 0.1%~0.4%의 누진세율이다).

ⓑ 1세대 1주택에 대한 특례
   • 1세대 1주택(시가표준액 9억원 이하 주택에 한정)에 대하는 0.05%~0.35% **누진세율을 적용**한다.
   • 1세대 1주택 판단할 때 신탁된 주택은 **위탁자의 주택 수에 가산**한다.
   • 탄력세율이 적용된 세액이 1주택 특례적용한 세액보다 **적은 경우**는 탄력적용한 세율로 한다.

ⓒ 다가구 주택의 경우에는 1세대가 독립하여 구분사용할 수 있도록 구획된 부분을 1구의 주택으로 본다.

   ⓓ **1인이 여러 개의 주택을 보유**한 경우에도 그 가액을 합산하여 초과누진세율을 적용하지 않고 <u>독립된 매 1구의 주택마다</u> 산출된 세액을 **단순 합계**하여 총세액으로 하고 있다. 또한 1가구가 여러 개의 주택을 보유한 경우에도 가구별로 합산하지 않고 주택별 각각 재산세 세액을 산정하여 사실상 소유자에게 고지서 발부한다.

   ⓔ **주택**을 2인 이상이 공동으로 소유하거나 **토지와 건물의 소유자가 다를 경우** 당해 주택에 대한 세율을 적용함에 있어서는 <u>당해 주택의 토지와 건물의 가액을 합산한</u> 과세표준액에 0.1%~0.4%의 초과누진세율을 적용한다.

   ⓕ 주택 부속토지의 경계가 명백하지 아니한 경우 그 주택의 바닥면적의 10배에 해당하는 토지를 주택의 부수토지로 본다.

   ⓖ **토지 · 건축물에는 주택을 제외**한다.

  ② **건축물분** ⇨ **건축물별로 세액산정** : 건축물이란 주거이외 용도의 건축물로 상가건물, 공장용 건물을 말하므로 그에 딸린 토지와 구분하여 과세하고, **건축물에는 주택은 제외**한다. 또 한사람이 여러 채의 상가건축물을 보유한 경우에도 물건별로 과세하므로 **건축물별 세액 산정**하여 건축물 재산세로 고지한다.

   ㉠ 건축물 세율 : 원칙은 0.25%, 예외로는 다음과 같다.

    ⓐ **시내 주거지역 내 공장용 건축물은 0.5%**

    ⓑ 과밀억제권역 내 공장 건축물의 신설 증설의 경우 : 0.25%의 5배로 1.25%

    ⓒ 고급오락장 건축물, 회원제 골프장건축물 : 1,000분의 40(4%)

> **참고** 재산세의 겸용 주택
> 1. 1**동**의 건물이 주거와 주거 이외의 용도에 사용되는 경우에는 **주거용에 사용되고 있는 부분만**을 주택으로 보며 이 경우 부속 토지는 주거와 주거 이외의 용도에 사용되고 있는 건물의 면적비율에 따라 각각 안분하여 주택의 부속 토지와 주택 외의 건물 부속 토지로 구분한다.
> 2. 1**구**의 건축물이 주거와 주거외의 용도에 겸용되는 경우에는 주거용으로 사용되는 면적이 전체의 **100분의 50 이상인 경우에는 주택**으로 본다.
> 3. 건축물에서 허가 등이나 사용승인(임시사용승인을 포함한다)을 받지 아니하고 주거용으로 사용하는 면적이 전체 건축물면적(허가 등이나 사용승인을 받은 면적을 포함한다)의 100분의 50 이상인 경우에는 그 건축물 전체를 주택으로 보지 아니하고, 그 부속토지는 종합합산에 해당하는 토지로 본다.

  ③ **토지** : <u>주택을 제외한 모든 토지</u>이다(<u>미등록토지로 포함된다</u>). 모든 토지라 함은 지적법의 규정에 의하여 작성 · 기록되는 토지대장상의 토지와 매립 · 간척 등으로 준공인가 전에 사실상으로 사용하는 토지 등 토지대장에 등재되어 있지 않는 토지도 포함된다.

  ④ **<u>선박분</u>** : 기선 · 범선 · 전마선 등 기타 명칭 여하를 불문한 <u>모든 배</u>를 말한다.

⑤ **항공기분**: 항공기라 함은 <u>사람이 탑승</u> 조정하여 항공에 사용하는 비행기·비행선·활공기·회전익항공기 기타 항공에 사용할 수 있는 것을 말한다.

4 세액산정

① **세액산정 방법**: 재산세의 세액 = 과세표준 × 세율

② **과세표준**: 재산세의 과세표준은 <u>과세기준일시점의 재산가액</u>으로 한다.

재산가액이란 토지·건축물·주택·선박·항공기의 가액을 뜻하며, <u>개인·법인 구별하지 않고 누가 소유하든</u> 토지·건축물·주택에 대한 재산세의 과세표준은 과세기준일 시점의 시가표준액에 부동산 시장의 동향과 지방재정 여건 등을 고려하여 대통령령으로 정하는 <u>공정시장가액비율</u>(대통령령으로 정하는 공정시장가액비율이란 토지 및 건축물의 경우 시가표준액의 100분의 70, 주택의 경우 시가표준액의 100분의 60을 말한다)을 곱하여 산정한 가액으로 한다. 단, **주택의 과세표준이 과세표준 상한액보다 큰 경우는 과세표준 상한액으로 한다.** 선박·항공기에 대한 과세표준은 시가표준액으로 한다.

> **토지·건축물·주택**에 대한 재산세의 **과세표준은** 과세기준일 시점의 시가표준액에 **공정시장가액비율(토지·건축물 ⇨ 70%, 주택 ⇨ 60%)**을 곱하여 산정한 가액이다. 허나 선박·항공기에 대한 과세표준은 시가표준액으로 한다.

문제푸는 요령

문제가 **재산세과세표준**일 때 **부동산**이면 "**공정**" 단어가 있으면 맞는 문장. 없을 때 공정의 숫자는 토지·건축물은 70%, 주택은 **60%**이다.

기출 문제

「지방세법」상 재산세 과세표준에 관한 설명으로 옳은 것은 몇 개인가? 　제23회

> ㉠ 단독주택의 재산세 과세표준은 토지·건물을 일체로 한 개별주택가격으로 한다.
> ㉡ 건축물의 재산세 과세표준은 거래가격 등을 고려하여 시장·군수·구청장이 결정한 가액으로 한다.
> ㉢ 토지의 재산세 과세표준은 개별공시지가로 한다.
> ㉣ 공동주택의 재산세 과세표준은 법령에 따른 시가표준액에 100분의 60을 곱하여 산정한 가액으로 한다.
> ㉤ 건축물의 재산세 과세표준은 법인의 경우 법인장부에 의해 증명되는 가격으로 한다.

Answer

1개 (㉣)

③ **재산세 세부담의 상한**: 당해 재산에 대한 재산세의 산출세액이 **직전연도**의 당해재산에 대한 재산세액 상당액의 100분의 150을 초과하는 경우에는 100분의 150에 해당하는 금액을 당해연도에 징수할 세액으로 한다. **다만, 주택은 제외한다.**

> **│ 문제푸는 요령 │**
>
> „„**"직전년도"** 라는 단어를 **개별적 문제Key**로 하여 "세부담의 상한" 문제로 판단하고, 문장에서 **주택 단어가 있으면** 세부담상한 없다. 주택 단어가 없으면 **일반적 경우로** 100분의 150

④ **소액징수면제**: 고지서 1매당 재산세로 징수할 세액이 2,000원 미만인 때에는 당해 재산세를 징수하지 않는다.

> **☑ 관련법규 − 소액징수면제**
>
> '고지서 1매당 2,000원 미만'이라 함은 재산세 고지서상에 병기 고지된 세액을 제외한 **재산세만을 지칭**하며, 세액조정으로 인하여 추가로 부과할 세액이 2,000원 미만인 경우를 포함한다.

⑤ 재산세의 부가세

재산세가 과세되는 경우 그 재산세액의 20%를 지방교육세로 부과한다.

⑥ 납부기간

재산세의 납부기간은 재산의 종류에 따라 다음과 같이 달라진다.

> ☑ 시장·군수는 과세대상 누락·위법 또는 착오 등으로 인하여 이미 부과한 세액을 변경하거나 수시·부과하여야 할 사유가 발생한 때에는 수시로 부과·징수할 수 있다.

① **건축물**: 매년 7월 16일부터 7월 31일까지

② **토지**: 매년 9월 16일부터 9월 30일까지

③ **주 택**: 산출세액의 2분의 1은 매년 7월 16일부터 7월 31일까지, 나머지 2분의 1은 9월 16일부터 9월 30일까지, 해당년도의 부과세액이 20만원 이하인 경우의 주택의 납부기간은 7월 16일부터 7월 31일까지로 하여 한꺼번에 징수할 수 있다.

> ☑ 토지는 세액의 크기에 관계없이 토지의 납기는 9월 16일부터 9월 30일이다.

④ **선박**: 매년 7월 16일부터 7월 31일까지

⑤ **항공기**: 매년 7월 16일부터 7월 31일까지

7 납세지

재산세의 납세지는 과세대상 재산의 소재지이다. 과세대상별로 구체적인 납세지는 다음과 같다.

① 토지에 대한 재산세 납세지는 토지의 소재지를 관할하는 시·군·구이다.

② 건축물에 대한 재산세 납세지는 건축물의 소재지를 관할하는 시·군·구이다.

③ 주택에 대한 재산세 납세지는 주택의 소재지를 관할하는 시·군·구이다.

④ 선박에 대한 재산세 납세지는 선박법에 의한 선적항의 소재지를 관할하는 시·군·구이다.

⑤ 항공기에 대한 재산세 납세지는 정치장의 소재지이다.

8 납부의 특례(물납 및 분납)

① 물 납

재산세의 납부할 세액이 1천만원을 초과하는 경우에는 납세의무자의 신청을 받아 당해 지방자치단체 관할구역 안에 소재하는 부동산에 한하여 물납(物納)을 허가할 수 있다.

② 물납허가 부동산의 평가

㉠ 원 칙

재산세 물납대상 부동산의 수납가액은 과세기준일(매년 6월 1일) 현재의 시가(時價)를 원칙으로 한다. 이때 토지의 시가는 개별공시지가로 하고 건물의 시가는 「지방세법」상 시가표준액으로 한다.

㉡ 물납허가를 받은 부동산을 행정안전부령으로 정하는 바에 따라 물납하였을 때에는 납부기한 내에 납부한 것으로 본다.

㉢ 시장·군수는 물납신청을 받은 **부동산이 관리·처분하기가 부적당하다고 인정되는 경우에는 허가하지 아니할** 수 있다.

㉣ 물납신청: 납부기한 10일 전까지 신청

㉤ 시장·군수는 불허가 통지를 받은 납세의무자가 그 통지를 받은 날부터 10일 이내에 해당 시·군의 관할 구역에 있는 부동산으로서 **관리·처분이 가능한 다른 부동산으로 변경 신청하는 경우에는 변경하여 허가할** 수 있다.

③ 분 납

㉠ 분납요건 및 기간

재산세의 납부할 세액이 250만원을 초과하는 경우에는 납부할 세액의 일부를 납부기한이 경과한 날부터 3개월 이내에 분납할 수 있다.

ⓐ 재산세 납부세액이 **500만원이하**인 경우 **일부 금액**은 **250만원 초과 금액**으로 납부기한 경과일로부터 **3개월 내**에 **분납**할 수 있다.

ⓑ 재산세 납부세액이 **500만원 초과**인 경우 **일부 금액**은 **50% 이상 금액**으로 납부기한 경과일로부터 **3개월 내에 분납**할 수 있다.

ⓒ 물납·분납 신청 및 허가

ⓐ 재산세의 <u>물납신청은 납부기한 10일 전까지 신청</u>하여야 하며, 물납의 신청을 받은 지방자치단체의 장은 신청을 받은 날부터 5일 이내에 그 허가 여부를 서면으로 통지하여야 한다.

ⓑ **분할납부**하려는 자는 재산세의 **납부기한까지** 국토교통부령으로 정하는 **신청서**를 시장·군수에게 제출하여야 한다(「지방세법 시행령」 제116조 제2항).시장·군수는 위에 따라 분할납부신청을 받았을 때에는 이미 고지한 납세고지서를 납부기한 내에 납부하여야 할 납세고지서와 분할납부기간 내에 납부하여야 할 납세고지서로 구분하여 수정 고지하여야 한다(「지방세법 시행령」 제116조 제3항).

기출 문제 재산세 개요

1. 지방세법령상 재산세의 물납에 관한 설명으로 옳은 것을 모두 고른 것은? 제35회

㉠ 지방자치단체의 장은 재산세의 납부세액이 1천만원을 초과하는 경우에는 납세의무자의 신청을 받아 해당 지방자치단체의 관할구역에 있는 부동산에 대하여만 대통령령으로 정하는 바에 따라 물납을 허가할 수 있다.
㉡ 시장·군수·구청장은 법령에 따라 불허가 통지를 받은 납세의무자가 그 통지를 받은 날부터 10일 이내에 해당 시·군·구의 관할구역에 있는 부동산으로서 관리·처분이 가능한 다른 부동산으로 변경 신청하는 경우에는 변경하여 허가할 수 있다.
㉢ 물납을 허가하는 부동산의 가액은 물납 허가일 현재의 시가로 한다.

① ㉠ ② ㉢ ③ ㉠, ㉡
④ ㉡, ㉢ ⑤ ㉠, ㉡, ㉢

2. 특별시 지역에서 「국토의 계획 및 이용에 관한 법률」에 따라 지정된 주거지역의 대통령령으로 정하는 공장용 건축물의 표준세율은 초과누진세율이다. (○, ×) 제31회, 제35회

3. 주택의 토지와 건물 소유자가 다를 경우 해당 주택에 대한 세율을 적용할 때 해당 주택의 토지와 건물의 가액을 소유자별로 구분계산한 과세표준에 세율을 적용한다. (○, ×) 제33회, 제35회

4. 주택의 재산세로서 해당 연도에 부과할 세액이 20만원 이하인 경우에는 납기를 9월 16일부터 9월 30일까지로 하여 한꺼번에 부과·징수할 수 있다. (○, ×) 제24회, 제26회, 제27회, 제34회, 제35회

5. 지방자치단체의 장은 과세대상의 누락으로 이미 부과한 재산세액을 변경하여야 할 사유가 발생하여도 수시로 부과·징수할 수 없다. (○, ×) 제21회, 제33회, 제35회

6. 재산세의 납기는 토지의 경우 매년 9월 16일부터 9월 30일까지이며, 건축물의 경우 매년 7월 16일부터 7월 31일까지이다. (○, ×) 제33회, 제34회

7. 주택(법령으로 정하는 1세대 1주택 아님)의 경우 표준세율은 최저 1천분의 1에서 최고 1천분의 4까지 4단계 초과누진세율로 적용한다. (○, ×) 제34회

8. 재산세를 징수하려면 토지, 건축물, 주택, 선박 및 항공기로 구분한 납세고지서에 과세표준과 세액을 적어 늦어도 납기개시 5일 전까지 발급하여야 한다. (○, ×) 제26회, 제34회

9. 재산세는 관할 지방자치단체의 장이 세액을 산정하여 보통징수의 방법으로 부과·징수한다. (○, ×) 제26회, 제34회

10. 고지서 1장당 징수할 세액이 2천원 미만이 경우에는 해당 재산세를 징수하지 아니한다. (○, ×)

11. 주택에 대한 재산세는 주택별로 표준세율을 적용한다. (○, ×) 제32회

12. 상가건물에 대한 재산세는 시가표준액에 법령이 정하는 공정시장가액비율을 곱하여 산정한 가액을 과세표준으로 하여 비례세율을 과세한다. (○, ×) 제32회

13. 주택 부속토지의 경계가 명백하지 아니한 경우 그 주택의 바닥면적의 20배에 해당하는 토지를 주택의 부속토지로 한다. (○, ×) 제31회, 제33회

14. 재산세 과세대상인 건축물의 범위에는 주택을 포함한다. (○, ×) 제31회

15. 지방자치단체의 장은 재산세의 납부할 세액이 500만원 이하인 경우 250만원을 초과하는 금액은 납부기한이 지난 날부터 3개월 이내 분할납부하게 할 수 있다. (○, ×) 제31회

Answer

1. ③
   옳은 것: ㉠, ㉡
   틀린 것: ㉢
   ㉢ 물납을 허가하는 부동산의 가액은 재산세 과세기준일 현재의 시가로 한다.
2. ×, 주거지역 내 공장용 건축물의 세율은 0.5%
3. ×, 주택의 토지와 건물의 가액을 소유자별로 구분계산 ⇨ 주택의 토지와 건물의 가액을 합한 과세표준
4. ×, 7월 16일~7월 31일까지
5. ×, 수시로 부과·징수할 수 있다.

6. ○
7. ○
8. ○
9. ○
10. ○
11. ○
12. ○
13. ×, 주택의 바닥면적의 10배
14. ×, 주택 제외
15. ○

제2절 **재산세의 납세의무자**

1 원 칙

재산세 과세기준일(매년 6월 1일) 현재 과세대상인 재산을 사실상 소유하고 있는 자

> ☑ 과세기준일 전에 잔금 지급한 경우 ⇨ 매수인
> ☑ 과세기준일 이후에 잔금지급 한 경우 ⇨ 매도인
> ☑ 과세기준일 = 잔금지급일 ⇨ 매수인
> 과세기준일에 양도·양수된 때에는 양수인을 과세대장에 등재하고 당해연도 납세의무자로 한다.

① 재산의 소유권 변동 또는 과세대상 재산의 변동 사유가 발생하였으나 과세기준일까지 그 등기가 되지 아니한 재산의 공부상 소유자가 과세기준일부터 15일 이내에 그 소재지를 관할하는 지방자치단체의 장에게 그 사실을 알 수 있는 증거자료를 갖추어 신고함으로 인하여 사실상 소유자를 판단한다.

> **지방세법 제120조【신고의무】** ① 다음 각 호의 어느 하나에 해당하는 자는 과세기준일부터 15일 이내에 그 소재지를 관할하는 지방자치단체의 장에게 그 사실을 알 수 있는 증거자료를 갖추어 **신고하여야** 한다.
> 1. 재산의 **소유권 변동** 또는 과세대상 재산의 변동 사유가 발생하였으나 과세기준일까지 그 **등기·등록이 되지 아니한** 재산의 **공부상 소유자**
> 2. 상속이 개시된 재산으로서 상속등기가 되지 아니한 경우에는 주된 상속자
> 3. 사실상 종중재산으로서 공부상에는 개인 명의로 등재되어 있는 재산의 공부상 소유자
> 4. 수탁자 명의로 등기·등록된 신탁재산의 수탁자

> 5. 1세대가 둘 이상의 주택을 소유하고 있음에도 불구하고 1세대1주택에 대한 특례 세율을 적용받
>   으려는 경우에는 그 세대원
> 6. 공부상 등재현황과 사실상의 현황이 다르거나 사실상의 현황이 변경된 경우에는 해당 재산의
>   사실상 소유자

② ①에 따른 신고가 사실과 일치하지 아니하거나 신고가 없는 경우에는 지방자치단체의
장이 직권으로 조사하여 과세대장에 <u>등재</u>할 수 있다.

2 예 외

① 공부상의 소유자

> ㉠ 공부상의 소유자가 매매 등의 사유로 소유권의 변동이 있었음에도 이를 **신고하지 아니하여** 사실상의 소유자를 알 수 없는 때에는 **공부상의 소유자**를 납세의무자로 본다.

> ㉡ 공부상에 개인 등의 명의로 등재되어 있는 사실상의 종중재산으로서 종중소유임을 **신고하지 아니**하였을 때에는 **공부상의 소유자**를 납세의무자로 한다.
> ㉢ 「채무자 회생 및 파산에 관한 법률」에 따른 **파산선고 이후 파산종결의 결정까지** 파산재단에 속하는 재산의 경우 **공부상 소유자**를 납세의무자로 본다.

② 주된 상속자

> ㉠ **상속**이 개시된 재산으로서 상속등기가 이행되지 아니하고 사실상의 소유자를 **신고하지 아니한** 때에는 **주된 상속자**를 납세의무자로 본다.
> ㉡ 주된 상속자란 「민법」상 상속지분이 높은 사람으로 하되 상속지분 높은 사람이 2 이상이면 그중 나이가 많은 사람으로 한다.

③ 매수계약자

> ㉠ **국가·지방자치단체·지방자치단체조합**과 재산세 과세대상 재산을 **연부**로 매매계약을 체결하고 그 재산의 사용권을 **무상**으로 받은 경우에는 **매수계약자를** 납세의무자로 본다.
> ㉡ **국가, 지방자치단체 및 지방자치단체조합**이 **선수금을 받아** 조성하는 매매용 토지로서 사실상 조성이 완료된 토지의 사용권을 **무상**으로 받은 자가 있는 경우에는 그 자를 **매수계약자**로 본다.
> ㉢ 연부취득에 의하여 무상사용권을 부여받은 토지는 국가·지방자치단체·지방자치단체조합등으로 부터 연부취득한 것에 한하므로 국가 등 이외의 자로부터 연부취득 중인 때에는 매수인이 무상사용권을 부여 받았다 하더라도 국가 등 이외의 자가 납세의무자가 된다.

④ 위탁자

> 신탁법에 따라 수탁자 명의로 등기·등록된 신탁재산의 경우로 위탁자를 납세의무자로 본다.

⑤ **사업시행자**

> 도시개발법에 의하여 시행하는 환지방식에 의한 도시개발사업 및 도시 및 주거환경정비법에 의한 정비사업(주택재개발사업 및 도시환경정비사업에 한한다)의 시행에 따른 환지계획에서 일정한 토지를 환지로 정하지 아니하고 **체비지** 또는 **보류지**로 정한 경우에는 **사업시행자**를 납세의무자로 본다.

⑥ **사용자**

> 재산세 과세기준일 현재 소유권의 **귀속이 분명하지 아니**하여 사실상의 소유자를 확인할 수 없는 경우에는 그 **사용자**를 납세의무자로 본다. 이 경우 과세권자는 사용자에게 미리 통지하여야 한다.

⑦ **지분권자**

> ㉠ **공유재산**인 경우에는 그 지분에 해당하는 부분에 대하여 그 **지분권자**를 납세의무자로 본다(**지분의 표시가 없는 경우**에는 지분이 **균등**한 것으로 본다).
> ㉡ 주택의 건물과 부속토지의 소유자가 다를 경우에는 당해 주택에 대한 산출 세액을 건축물과 그 부속토지의 **시가표준액 비율로 안분 계산**한 부분에 대하여 **그 소유자**를 납세의무자로 본다.

기출 문제 재산세 납세의무자

1. 수탁자 명의로 등기·등록된 신탁재산의 수탁자는 과세기준일부터 15일 이내에 그 소재지를 관할하는 지방자치단체의 장에게 그 사실을 알 수 있는 증거자료를 갖추어 신고하여야 한다. (○, ×) 제35회

2. **지방세법령상 재산세 과세기준일 현재 납세의무자로 틀린 것은?** 제35회
① 공부상에 개인 등의 명의로 등재되어 있는 사실상의 종중재산으로서 종중소유임을 신고하지 아니하였을 경우: 종중
② 상속이 개시된 재산으로서 상속등기가 이행되지 아니하고 사실상의 소유자를 신고하지 아니하였을 경우: 행정안전부령으로 정하는 주된 상속자
③「도시 및 주거환경정비법」에 따른 정비사업(재개발사업만 해당한다)의 시행에 따른 환지계획에서 일정한 토지를 환지로 정하지 아니하고 체비지로 정한 경우: 사업시행자
④「채무자 회생 및 파산에 관한 법률」에 따른 파산선고 이후 파산종결의 결정까지 파산재단에 속하는 재산의 경우: 공부상 소유자
⑤ 지방자치단체와 재산세 과세대상 재산을 연부(年賦)로 매매계약을 체결하고 그 재산의 사용권을 무상으로 받은 경우: 그 매수계약자

3. 2025년 5월 31일에 재산세 과세대상 재산의 매매잔금을 수령하고 소유권이 전등기를 한 경우 2025년도의 재산세납세의무자는 매도인과 매수인이다. (○, ×) 제26회 변형

4. 「신탁법」에 따라 수탁자명의로 등기·등록된 신탁재산의 경우에는 수탁자에게 재산세 납부할 의무를 부여한다. (○, ×)   제26회

5. 국가가 선수금을 받아 조성하는 매매용 토지로서 사실상 조성이 완료된 토지의 사용권을 무상으로 받은 자는 재산세를 납부할 의무가 없다. (○, ×)   제31회

6. 상속이 개시된 토지는 상속등기의 이행 여부나 사실상의 소유자신고 여부에 관계없이 법정상속인이 연대하여 재산세 납세의무를 진다. (○, ×)

7. 甲이 乙에게 토지를 매도한 후 乙이 소유권이전등기를 이행하지 않았더라도 사실상 소유자는 乙이므로 甲의 소유권변동신고 여부에 관계없이 재산세 납세의무자는 乙이다. (○, ×)

8. 등기부상 甲 개인 소유로 등재되어 있는 토지는 甲이 사실상 종중소유임을 과세관청에 신고하더라도 재산세 납세의무자는 甲이다. (○, ×)

9. 재산세 과세기준일 현재 소유권의 귀속이 분명하지 아니하여 사실상의 소유자를 확인할 수 없는 경우에는 그 사용자가 재산세를 납부할 의무가 있다. (○, ×)   제33회

10. 과세기준일 현재 공부상의 소유자가 매매로 소유권이 변동되었는데도 신고하지 아니하여 사실상의 소유자를 알 수 없는 경우 그 공부상의 소유자가 아닌 사용자에게 재산세 납부의무가 있다. (○, ×)   제27회

Answer

1. ○
2. ① 공부상에 개인 등의 명의로 등재되어 있는 사실상의 종중재산으로서 종중소유임을 신고하지 아니하였을 경우 : 공부상 소유자
3. ×, 6월 1일 이전에 잔금지급한 경우 매수인이 소유권 변동된 년도의 납세의무자이다.
4. ×, 위탁자
5. ×, 납세의무있다.
6. ×, 상속 - 신고한 경우 지분만큼 상속인 납세의무가 있다. 상속 - 신고하지 아니한 경우 주된 상속자가 납부할 의무가 있다.
7. ×, 신고한 경우 - 사실상소유자, 신고하지아니한 경우 - 공부상 소유자
8. ×, 신고한 경우로 사실상소유자인 종중
9. ○
10. ×, 공부상소유자

제3절 **토지에 대한 과세대상 구분**

> **출제빈도** 제5회, 제7회, 제10회, 제11회, 제12회, 제13회, 제14회, 제15회, 제18회, 제19회, 제21회, 제22회, 제23회, 제25회, 제27회, 제28회, 제29회, 제30회, 제31회, 제32회, 제33회
> 토지의 재산세는 10회~35회에서 7회 정도는 출제되지 않고 매년 출제되는 part로 종합부동산세와 연관된 부문으로 **재산세에서 출제되지 않으면 종합부동산세에서 출제되는 중요 부문**이다.

> 토지의 과세표준은 **주택을 제외**한 모든 토지에 대해 **종합합산 · 분리과세 · 별도합산으로 구분하여 과세**하고 있다. 토지의 과세표준은 원칙적으로 종합합산을 기본으로 하나 모든 토지를 종합합산 과세할 경우 나타날 수 있는 문제점을 보완하기 위해 일정한 요건을 갖춘 토지에 대하여는 분리과세 또는 별도합산과세하고 있다.

> **주의** 1. 토지에 대한 재산세를 물어보는 문제에서 주택은 토지 재산세에 제외된다. ⇨ 주택은 주택에 대한 재산세로 고지서 발부한다.
> 2. 주택을 제외한 모든 토지를 토지에 대한 재산세로 납부기간을 9월 16일~9월 30일로 고지한다.

1 토지에 대한 재산세

(1) 주택을 제외한 모든토지를 종합합산, 별도합산, 분리과세로 구분하여 과세

(2) 종합합산 · 별도합산 · 분리과세의 구분

① **토지 활용도와** 소재된 지역의 용도와 일치 ⇨ 분리 (농지, 목장의 세율은 0.07%, 공장토지의세율 : 0.2%)

> **주의** ㉠ 법인 소유의 농지는 종합합산
> ○○업법인 농지인 경우
> ⓐ 업종과 일치인 경우 ⇨ 분리과세
> ⓑ 업종과 불일치 한 경우 ⇨ 종합합산
>   **예** • 농업법인 농지 − 분리과세, • 제조업법인 농지 − 종합합산,
>   • 사회복지사업자의 복지시설에 공하기 위한 소비용 농지 : 분리과세
>   • 한국농촌공사 소유 농가공급용 농지 − 분리과세
>   • 종중소유 농지 − 분리과세

㉡ 임 야

> ⓐ **환경과 관련**된 구역내 · **물 관련** 구역내 임야 − 분리과세
> • 종중 소유 임야 ⇨ 분리과세, • 자연**환경지구**내의 임야, **문화재보호구역**내의 임야 ⇨ 분리과세
> • **개발제한구역**내의 임야 ⇨ 분리과세, • **상수원보호 구역내**의 임야 ⇨ 분리과세

③ 토지 활용도와 소재된 <u>지역의 용도와 不 일치</u> ⇨ **종합합산**. 단, **공장용 토지**는 지역의
   용도와 不일치 한 경우 **별도합산**

④ ...**초과** ⇨ **종합합산**

> 개인과 축산업을 주업으로 하는 법인이 축산용으로 사용하는 도시지역 밖의 목장용지 중 축
> 산용 토지 및 건물의 기준을 **초과**하는 토지는 **종합합산**과세대상토지이다.

> ⑤ <u>영업 관련 토지</u> ⇨별도 합산
>   ㉠ 여객자동차운송사업의...차고용 토지
>   ㉡... 자동차운전학원의 **자동차운전학원용 토지**
>   ㉢... 관광사업자가 ...시설기준을 갖추어 설치한 박물관·미술관·동물원·식물
>   원의 야외전시장용 토지
>   ㉣ **장사 등에 관한 법률에...법인묘지용 토지**
>   ㉤... **스키장 및 대중골프장용 토지 중 원형이 보전 되는 임야**

> ⑥ <u>산업 관련 토지</u>(○○공사) - 분리 과세 - 0.2%
>   ㉠ 국가 및 지방자치단체 지원을 위한 <u>특정목적 사업용 토지</u> 로서 대통령으로 정하는
>   토지   ↳ **군대 관련**
>   ㉡ 에너지공급 및 방송통신, 교통등의 기반 시설용토자
>   (**염전**, 여객자동차 **터미널토지**, ⇨ **분리과세, 세율은 0.2%**)

> ⑦ <u>고급오락장, 회원제골프장 토지</u> ⇨ **분리과세(세율은 토지든 건축물이든 4%)**

> ⑧ 종합합산 : 나대지, <u>무허가 건축물의 부속토지</u>, 잡종지

> ⑨ 일반(= 영업용) 건축물로서 시가표준액의 2%에 미달하는 건축물의 바닥면적을 제외한
>   부속토지는 종합합산의 토지이다.

(3) **신탁재산**

> ① 신탁재산에 속하는 토지는 수탁자의 고유재산에 속하는 토지와 서로 합산하지 아니한다.
> ② 위탁자별로 구분되는 신탁재산에 속하는 토지의 경우 위탁자별로 각각 합산하여야 한다.
> ③ 신탁재산의 위탁자가 "재산세 등"을 체납한 경우 ⇨ 그 위탁자의 다른 재산에 대하여 징
>   수할 금액에 미치지 못할 때에는 해당 신탁재산의 수탁자는 그 신탁재산으로써 위탁자의
>   재산세 등을 납부할 의무가 있다.

기출문제 분리과세, 별도합산, 종합합산 구별

1. 「지방세법」상 재산세 종합합산과세대상 토지는? 제29회
① 「문화유산의 보존 및 활용에 관한 법률」에 따른 지정문화유산 안의 임야
② 국가가 국방상 목적 외에는 그 사용 및 처분 등을 제한하는 공장 구내의 토지
③ 「건축법」 등 관계법령에 따라 허가 등을 받아야 할 건축물로서 허가받지 아니한 공장용 건축물의 부속토지
④ 「자연공원법」에 따라 지정된 공원자연 환경지구 내의 임야
⑤ 「개발제한구역의 지정 및 관리에 관한 특별조치법」에 따른 개발제한구역 내의 임야

2. 토지와 주택에 대한 재산세 과세대상은 종합합산과세대상, 별도합산과세대상 및 분리과세대상으로 구분한다. (○, ×) 제31회

3. 「지방세법」상 토지에 대한 재산세를 부과함에 있어서 과세대상의 구분(종합합산과세대상, 별도합산과세대상, 분리과세대상)이 분리과세인 것은 몇 개인가? 제25회

> ㉠ 1990년 5월 31일 이전부터 종중이 소유하고 있는 임야
> ㉡ 「체육시설의 설치·이용에 관한 법률 시행령」에 따른 회원제 골프장이 아닌 대중골프장용 토지 중 원형이 보전되는 임야
> ㉢ 과세기준일 현재 계속 염전으로 실제 사용하고 있는 토지
> ㉣ 「도로교통법」에 따라 등록된 자동차운전학원의 자동차운전학원용 토지로서 같은 법에서 정하는 시설을 갖춘 구역 안의 토지

4. 「지방세법」상 재산세 과세대상 토지(비과세 또는 면제대상이 아님)중 과세표준이 증가함에 따라 재산세 부담이 누진적으로 증가할 수 있는 것은? 제16회
① 과세기준일 현재 군지역에서 실제 영농에 사용되고 있는 개인이 소유하는 과수원
② 「건축법」 등 관계법령의 규정에 따라 허가를 받아야 할 건축물로서 허가를 받지 아니한 건축물의 부속토지
③ 1980. 5. 1.부터 종중이 소유하고 있는 임야
④ 회원제 골프장용 토지로서 「체육시설의 설치·이용엑 관한 법률」이 규정에 의한 등록대상이 되는 토지
⑤ 고급오락장으로 사용되는 건축물의 부속토지

5. 「신탁법」에 따른 신탁재산에 속하는 종합합산과세대상 토지는 수탁자의 고유재산에 속하는 토지와 합산하지 아니한다. (○, ×) 제31회

6. 신탁주택의 위탁자가 재산세를 체납한 경우 그 위탁자의 다른 재산에 대하여 강제징수하여도 징수할 금액에 미치지 못할 때에는 해당 주택의 수탁자가 종합부동산세를 납부할 의무가 있다. (○, ×) 제35회

7. 「지방세법」상 분리과세대상 토지 중 재산세 표준세율이 같은 경우로 묶어 보면?

제20회 변형

㉠ 과세기준일 현재 특별시지역의 도시지역 안의 녹지지역에서 실제 영농에 사용되고 있는, 개인이 소유하는 전(田)
㉡ 1990년 5월 31일 이전부터 관계법령에 의한 사회복지사업자가 복지시설의 소비용(消費用)에 공(供)하기 위하여 소유하는 농지
㉢ 종중소유의 농지
㉣ 「방위사업법」 제53조에 따라 허가받은 군용화약류시험장용 토지

8. 다음은 재산세의 분리과세 대상 토지를 열거한 것이다. 가장 관계가 없는 것은?
① 과수원   ② 공장용지   ③ 고급주택
④ 종중소유 임야   ⑤ 목장

Answer

1. ③
   ①②④⑤는 분리과세이다.
2. ×, 주택을 제외한 모든 토지
3. ㉠, ㉢으로 2개, ㉡, ㉣은 별도합산
4. ②
   ①③④⑤는 분리과세로 비례세율, ①③은 분리과세로 0.07%, ④⑤는 분리과세로 4%
5. ○
6. ○
7. ㉠, ㉡, ㉢ ⇨ 0.07%
   ㉣ ⇨ 0.2%
8. ③

제3절 재산세 세율

구 분	과세대상			세 율
표준세율	토 지	종합합산 과세대상		1,000분의 2~1,000분의 5 초과누진세율
		별도합산 과세대상		1,000분의 2~1,000분의 4 초과누진세율
		분리과세	농지(전·답·과수원)·목장용지·임야	1,000분의 0.7
			공장용지와 산업용 공급 토지	1,000분의 2
			회원제골프장·고급 오락장용 토지	1,000분의 40
	주 택	주택		1,000분의 1~1,000분의 4 초과누진세율
		1세대 1주택의 특례		1,000분의 0.5~1,000분의 3.5 초과누진세율
	건축물	주택 이외의 건축물		1,000분의 2.5
		회원제골프장·고급 오락장 건축물		1,000분의 40
	선 박	일반선박		1,000분의 3
		고급선박		1,000분의 50
	항공기	항공기		1,000분의 3
	건축물	시지역의 주거지역 내 공장용 건축물		1,000분의 5
		과밀억제권역 내 공장건축물의 신설과 증설(5배 중과세)		1,000분의 12.5 (표준세율의 5배 중과세)

① 시장·군수는 조례가 정하는 바에 의하여 재산세의 세율을 표준세율의 100분의 50의 범위 안에서 가감조정할 수 있다(해당연도만).

② 종합합산과세대상 : 종합합산과세대상 납세의무자가 소유하고 있는 당해 시·군·구 관할구역 안에 소재하는 종합합산과대상이 되는 토지의 가액을 모두 합한 금액을 과세표준으로 하여 누진세율을 적용한다.

③ 별도합산과세대상 : 납세의무자가 소유하고 있는 당해 시·군·구 관할구역 안에 소재하는 별도합산과대상이 되는 토지의 가액을 모두 합한 금액을 과세표준으로 하여 누진세율을 적용한다.

④ 분리과세대상 : 분리과세대상이 되는 당해 토지의 가액을 과세표준으로 세율을 적용한다.

기출문제 재산세의 세율

1. 「지방세법」상 다음의 재산세 과세대상 중 가장 낮은 표준세율이 적용되는 것은? 　제21회
① 시내 공업지역에 소재한 공장용 토지
② 시내 공업지역에 소재한 공장용 건축물
③ 고급오락장용 토지
④ 고급오락장용 건축물
⑤ 시내 주거지역내 공장용 건출물

2. 「지방세법」상 다음에 적용되는 재산세의 표준세율이 가장 높은 것은? 　제32회
① 과세표준이 5천만원인 종합합산과세대상 토지
② 과세표준이 2억원인 별도합산과세대상 토지
③ 과세표준이 1억원인 광역시의 군지역에서 「농지법」에 따른 농업법인이 소유하는 농지로서 과세기준일 현재 실제 영농에 사용되고 있는 농지
④ 과세표준이 5억원인 「수도권정비계획법」에 따른 과밀억제권역 외의 읍·면 지역의 공장용 건축물
⑤ 과세표준이 1억 5천만원인 주택(1세대 1주택에 해당되지 않음)

3. 지방세법령상 재산세의 표준세율에 관한 설명으로 틀린 것은? 　제34회
① 법령에서 정하는 고급선박 및 고급오락장용 건축물의 경우 고급선박의 표준세율이 고급오락장용 건축물의 표준세율보다 높다.
② 특별시 지역에서 「국토의 계획 및 이용에 관한 법률」과 그 밖의 관계 법령에 따라 지정된 주거지역 및 해당 지방자치단체의 조례로 정하는 지역의 대통령령으로 정하는 공장용 건축물의 표준세율은 과세표준의 1천분의 5이다.
③ 주택(법령으로 정하는 1세대 1주택 아님)의 경우 표준세율은 최저 1천분의 1에서 최고 1천분의 4까지 4단계 초과누진세율로 적용한다.
④ 항공기의 표준세율은 1천분의 3으로 법령에서 정하는 고급선박을 제외한 그 밖의 선박의 표준세율과 동일하다.
⑤ 지방자치단체의 장은 특별한 재정수요나 재해 등의 발생으로 재산세의 세율 조정이 불가피하다고 인정되는 경우 조례로 정하는 바에 따라 표준세율의 100분의 50의 범위에서 가감할 수 있다. 다만, 가감한 세율은 해당 연도를 포함하여 3년간 적용한다.

4. 재산세의 세율적용시 법령에 적용된 고급오락장과 고급주택은 1천분의 40, 그 밖의 일반주택은 누진세율을 적용한다. (○, ×) 　제22회

5. 「지방세법」상 재산세의 과세표준과 세율에 관한 설명으로 옳은 것을 모두 고른 것은? (단, 법령에 따른 재산세의 경감은 고려하지 않음)   제31회

> ㉠ 토지와 건물의 소유자가 다른 주택에 대해 세율을 적용할 때 해당 주택의 토지와 건물의 가액을 소유자별로 구분계산한 과세표준에 해당 세율을 적용한다.
> ㉡ 법령이 정한 고급오락장용 토지의 표준세율은 1천분의 40이다.
> ㉢ 주택의 과세표준은 법령에 따른 시가표준액에 공정시장가액비율(시가표준액의 100분의 60)을 곱하여 산정한 가액으로 한다.

① ㉠   ② ㉢   ③ ㉠, ㉡
④ ㉡, ㉢   ⑤ ㉠, ㉡, ㉢

Answer

1. ① 0.2%,
   ② - 0.25%, ③④ - 4%, ⑤ - 0.5%
2. ④
3. ⑤ 해당년도만 적용
4. ×, 고급오락장은 4%, 고급주택과 그 밖의 주택은 0.1%~0.4% 누진세율
5. ④ 주택의 토지와 건물의 가액을 소유자별로 구분 ⇨ 주택의 토지와 건물의 가액을 합한 과세표준 ㉡, ㉢은 옳은 문장이다.

제4절 ┃ 재산세 비과세

(1) 국가 등에 대한 비과세

① 국가, 지방자치단체, 지방자치단체조합, 외국정부 및 주한국제기구의 소유에 속하는 재산에 대하여는 재산세를 부과하지 아니한다. 다만, 다음 각 ㉠㉡의 어느 하나에 해당하는 재산에 대하여는 재산세를 부과한다.

㉠ 대한민국 정부기관의 재산에 대하여 과세하는 외국정부의 재산

㉡ 매수계약자에게 납세의무가 있는 재산

② 국가, 지방자치단체 또는 지방자치단체조합이 1년 이상 공용 또는 공공용으로 사용(1년 이상 사용할 것이 계약서 등에 의하여 입증되는 경우를 포함한다)하는 재산에 대하여는 재산세를 부과하지 아니한다. 다만, 다음 각 ㉠㉡의 어느 하나에 해당하는 경우에는 재산세를 부과한다.

㉠ **유료로 사용**하는 경우

㉡ 소유권의 **유상이전을 약정**한 경우로서 그 재산을 취득하기 전에 미리 사용하는 경우

(2) 용도구분에 따른 비과세

① 대통령령으로 정하는 도로 · 하천 · 제방 · 구거 · 유지 및 묘지

㉠ 도로 : 「도로법」에 따른 도로(같은 법에 따른 도로의 부속물 중 도로관리시설, 휴게시설, 주유소, 충전소, 교통 · 관광안내소 및 도로에 연접하여 설치한 연구시설은 제외한다)와 그 밖에 일반인의 자유로운 통행을 위하여 제공할 목적으로 개설한 **사설도로 포함**. 다만, 「건축법 시행령」 따른 건축선 또는 인접대지 경계선으로부터 일정거리를 띄워 건축함으로써 생긴 **대지 안의 공지는 제외**한다.

㉡ 하천 : 「하천법」에 따른 하천과 「소하천정비법」에 따른 소하천

㉢ 제방 : 측량 · 수로조사 및 지적에 관한 법률에 따른 제방. 다만, **특정인이 전용하는 제방은 제외**한다.

㉣ 구거(溝渠) : 농업용 구거와 자연유수의 배수처리에 제공하는 구거

㉤ 유지(溜池) : 농업용 및 발전용에 제공하는 댐 · 저수지 · 소류지와 자연적으로 형성된 호수 · 늪

㉥ 묘지 : 무덤과 이에 접속된 부속시설물의 부지로 사용되는 토지로서 지적, 공부상 지목이 묘지인 토지

② 「산림보호법」에 따른 산림보호구역, 그 밖에 공익상 재산세를 부과하지 아니할 타당한 이유가 있는 것으로서 대통령령으로 정하는 토지. 대통령령으로 정하는 토지란 다음 각 ㉠~㉣에서 정하는 토지를 말한다.

㉠ 「군사기지 및 군사시설 보호법」에 따른 군사기지 및 <u>군사시설 보호구역 중 통제보호구역에 있는 토지</u>. 다만, 전 · 답 · 과수원 및 대지는 제외한다.

㉡ 「산림보호법」에 따라 지정된 「산림보호구역 및 산림자원의 조성 및 관리에 관한 법률」에 따라 지정된 **채종림** · 시험림

㉢ 「자연공원법」에 따른 <u>공원자연보존지구의 임야</u>

【비교】「자연공원법」에 따른 **자연환경지구 내의 임야는 분리과세**한다. 표준세율은 0.07%

㉣ 「백두대간 보호에 관한 법률」에 따라 지정된 백두대간보호지역의 임야

③ 임시로 사용하기 위하여 건축된 **건축물로서 재산세 과세기준일 현재 1년 미만**의 것

【주의】 1년 미만된 토지 ⇨ 이 경우는 무늬만 1년 미만이지 **토지는 사실상 계속 존재되기 때문에 과세**된다.

④ 비상재해구조용, 무료도선용, 선교(船橋) 구성용 및 본선에 속하는 전마용(傳馬用) 등으로 사용하는 선박

⑤ 행정기관으로부터 철거명령을 받은 건축물 등 재산세를 부과하는 해당 연도에 철거하기로 계획이 확정되어 재산세 과세기준일 현재 행정관청으로부터 철거명령을 받았거나 철거보상계약이 체결된 건축물 또는 주택. 이 경우 건축물 또는 주택의 일부분을 철거하는 때에는 그 철거하는 부분으로 한정한다.

⑥ 용구분에 의한 비과세에서 다음의 재산에 대하여는 재산세를 부과한다(「지방세법」 제109조 제3항 단서).

　㉠ 취득세 중과세대상인 **골프장, 고급주택, 고급오락장 및 고급선박**

　㉡ **수익사업**에 사용하는 경우와 해당 재산이 **유료로 사용되는** 경우의 그 재산(임시용 건축물 및 해당 연도 철거예정 건축물은 제외). 이 경우 '수익사업'이란 「법인세법」 제3조 제3항에 따른 수익사업을 말한다(「지방세법 시행령」 제107조).

　㉢ 해당 재산의 일부가 그 목적에 직접 사용되지 아니하는 경우의 그 일부 재산

기출문제 재산세 비과세

1. 「지방세법」상 재산세 비과세 대상에 해당하는 것은?　제30회
① 지방자치단체가 1년 이상 공용으로 사용하는 재산으로서 유료로 사용하는 재산
② 「한국농어촌공사 및 농지관리기금법」에 따라 설립된 한국농어촌공사가 같은 법에 따라 농가에 공급하기 위하여 소유하는 농지
③ 「공간정보의 구축 및 관리 등에 관한 법률」에 따른 제방으로서 특정인이 전용하는 제방
④ 「군사기지 및 군사시설 보호법」에 따른 군사기지 및 군사시설 보호구역 중 통제보호구역에 있는 전·답
⑤ 「산림자원의 조성 및 관리에 관한 법률」에 따라 지정된 채종림·시험림

2. 「지방세법」상 재산세의 비과세대상이 아닌 것은?　제28회
① 임시로 사용하기 위하여 건축된 건축물로서 재산세 과세 기준일 현재 1년 미만의 것
② 재산세를 부과하는 해당 연도에 철거하기로 계획이 확정되어 재산세 과세기준일 현재 행정관청으로부터 철거 명령을 받은 주택과 그 부속토지인 대지
③ 농업용 구거와 자연 유수의 배수처리에 제공하는 구거
④ 「군사기지 및 군사시설 보호법」에 따른 군사기지 및 군사시설 보호구역 중 통제보호구역에 있는 토지(전·답·과수원 및 대지는 제외)
⑤ 「도로법」에 따른 도로와 그밖에 일반인의 자유로운 통행을 위하여 제공할 목적으로 개설한 사설도로(「건축법 시행령」 제80조의3에 따른 대지 안의 공지는 제외)

3. 지방자치단체가 1년 이상 공용으로 사용하는 재산으로서 유료로 사용하는 경우에는 재산세를 부과한다. (○, ×)　제32회

4. 지방자치단체가 1년 이상 공용으로 사용하는 재산에 대하여는 소유권의 유상이전을 약정한 경우로서 그 재산을 취득하기 전에 미리 사용하는 경우 재산세를 부과하지 아니한다. (○, ×)　제33회

Answer

1. ⑤
2. ② 대지는 과세
3. ○
4. ×, 지자체가 유료사용으로 과세

박문각 공인중개사

국세

종합부동산세

출제빈도 종합부동산세는 제15회부터 매년마다 1문제되었으나, 제33회, 제34회, 제35회에서 2문제가 출제되었다. 이는 **총괄적 종합문제로 출제**되고 있으니, 각 선다 ①②③④⑤마다 **문제 key를 잡고 풀어야 한다.**

제1절 ▎ 종합부동산세의 개요

1 종합부동산세의 개념 및 특징

① 종합부동산세는 보유과세군에 속하는 국세이다.

② 종합부동산세는 납세의무자별로 소유자에 대해 <u>전국의 토지 또는 주택의 가액을</u> 합산한 금액을 기준으로 하여 **초과누진세율을 적용**하므로 인세성격을 지닌 조세이다.

　주의 여기에 건축물이란 단어가 끼워 있으면 틀린 문장이 된다. ⇨ 건축물은 종합부동산세의 과세대상물에 해당되지 않기 때문이다.

종합부동산세는 **소유자**에 대해 **전국의 토지 또는 주택**의 기준금액을 초과 경우 과세		
토 지	종합합산	5억원 초과
	별도합산	80억원 초과
주 택	공시가액 9억원 초과	
법인소유 주택은 가액에 관계없이 **과세**		
건축물	과세하지 않는다.	

③ **종합부동산세의 납세의무 성립**: 재산세의 납세의무 성립일인 과세기준일로 6월 1일

④ **종합부동산세의 납세의무 확정**: 종합부동산세는 <u>과세권자가 세액을 결정하여 고지한다. 다만 신고하고자 하는 자는 납부기간 즉, 신고기간으로 12월 1일~12월 15일 내에 신고한다. 신고한 경우 정부의 결정은 없는 것으로 한다.</u>

> ☒ **고지서 발부는 납부 개시 5일 전까지 발부**
> 고지서 발급: 관할세무서장은 종합부동산세를 징수하려면 납부고지서에 주택 및 토지로 **구분한** 과세표준과 세액을 기재하여 **납부기간 개시 5일 전까지 발급**하여야 한다.

☒ 종합부동산세의 경우 무신고 가산세는 없으나, 과소신고 가산세는 있다.

⑤ **납세지**(종합부동산세법 제4조)

거주자	소득세법을 준용하여 **거주자의 주소지** 관할세무서
법인으로 보지 아니한 단체	

비거주자	주택 또는 토지의 소재지
법인 또는 법인으로 보는 단체	법인의 본점 · 주사무소의 소재지

⑥ 종합부동산세 납세의무가 없는 부동산

> ㉠ **재산세의 비례세율 적용 물건은 종합부동산세 납부의무 없다.**

> ㉡ **종합부동산세와 관련이 없는 물건**
> **건축물**(주의 건축물의 부수토지는 별도합산으로 과세대상물), 등록문화재 주택, **분리과세되는 토지, 임대주택**(임대주택의 경우 실제 거주한 경우를 의미) **종업원 기숙사 및 사택**, 주택건설사업자의 미분양주택, 가정어린이집, **고급오락장, 회원제 골프장 건축물 · 토지**

> ㉢ 합산 배제되는 임대주택,종업원의 주거에 제공하기 위한 기숙사 및 사원용 주택, 주택건설사업자가 건축하여 소유하고 있는 미분양주택, 가정어린이집용 주택, 주택을 보유한 납세의무자는 해당 연도 **9월 16일부터 9월 30일까지** 대통령령으로 정하는 바에 따라 납세지 관할세무서장에게 해당 **주택의 보유현황을 신고**하여야 한다.

❤ 부동산 보유세인 재산세와 과세방법비교

1차 : 재산세(시 · 군 · 구)	2차 : 종합부동산세(국가)
주택 ⇨ **주택별 개별 과세**	과세기준일 현재 국내의 재산세 과세대상 중 **소유자별 주택의 공시가격을 합한 금액이 9억원 초과분**을 과세 **법인은 주태공시가액에 관계없이 과세**
종합합산 ⇨ 시 · 군별 소유자별 합산	과세기준일 현재 **국내소재** 종합합산과세대상 토지의 공시가격을 **소유자별** 합한 금액이 5억원 초과분 과세
별도합산 ⇨ 시 · 군별 소유자별 합산	과세기준일 현재 **국내소재** 별도합산과세대상 토지의 공시가격을 소유자별로 합한 금액이 **80억원 초과**분은 과세
건축물 ⇨ 건축물별 개별 과세	**과세제외**

기출문제 종합부동산세 납세의무

1. 토지분 재산세의 납세의무자로서 종합합산과세대상 토지의 공시가격을 합한 금액이 5억원인 자는 종합부동산세를 납부할 의무가 있다. (○, ×)
제25회, 제31회

2. 토지분 재산세의 납세의무자로서 별도합산과세대상 토지의 공시가격을 합한 금액이 80억원인 자는 종합부동산세를 납부할 의무가 있다. (○, ×)
제35회

3. 토지에 대한 종합부동산세는 종합합산과세대상, 별도합산과세대상 그리고 분리과세대상으로 구분하여 과세한다. (○, ×)
제26회, 제30회, 제35회

4. 과세기준일 현재 토지분 재산세의 납세의무자로서 「자연공원법」에 따라 지정된 공원자연환경지구의 임야를 소유하는 자는 토지에 대한 종합부동산세를 납부할 의무가 있다. (○, ×)
제30회

5. 종합부동산세의 과세기준일 현재 과세대상자산이 아닌 것을 모두 고르면 몇 개인가? (단, 주어진 조건 외에는 고려하지 않음)
제26회

> ㉠ 여객자동차운송사업 면허를 받은 자가 그 면허에 따라 사용하는 차고용 토지(자동차운송사업의 최저보유차고면적기준의 1.5배에 해당하는 면적 이내의 토지)의 공시가격이 100억원인 경우
> ㉡ 국내에 있는 부부공동명의(지분비율이 동일함)로 된 1세대 1주택의 공시가격이 10억원인 경우
> ㉢ 공장용 건축물
> ㉣ 회원제 골프장용 토지(회원제 골프장업의 등록시 구분등록의 대상이 되는 토지)의 공시가격이 100억원인 경우

6. 상가건물에 대해서는 종합부동산세를 과세하지 아니한다. (○, ×)
제32회

7. 관할세무서장이 종합부동산세를 징수하려면 납부기간개시 5일 전까지 주택분과 토지분을 합산한 과세표준과 세액을 납부고지서에 기재하여 발급하여야 한다. (○, ×)
제33회

8. 과세표준 합산의 대상에 포함되지 않는 주택을 보유한 납세의무자는 해당연도 10월 16일부터 10월 31일까지 관할 세무서장에게 해당 주택의 보유현황을 신고하여야 한다. (○, ×)
제33회

Answer

1. ×, 5억원 초과
2. ×, 80 초과
3. ×, 분리과세가 제외
4. ×, 납세의무가 없다.
5. ⓛ, ⓒ, ⓜ으로 3개
6. ○
7. ×, 주택과토지를 구분한 과세표준
8. ×, 9월 16일~9월 30일

제2절 | **종합부동산세의 세액 산정**

1 종합부동산세의 세액산정

① 종합부동산세는 토지에 대한 종합부동산세의 세액과 주택에 대한 종합부동산세의 세액을 합한 금액으로 한다.

② 토지에 대한 종합부동산세액은 토지분 종합합산세액과 토지분 별도합산세액을 합한 금액으로 한다.

③ **토지에 대한 종합부동산세 세액 산정**

㉠ 세액산정

구 분	종합합산	별도합산
과세표준	(토지의 공시가격 합계액 − **5억원**) × **공정**시장가액비율**(100%)**	(토지의 공시가격 합계액 − **80억원**) × **공정**시장가액비율**(100%)**
세 율	1%~3%의 초과누진세율	0.5%~0.7%의 초과누진세율
이중과세 배제	**토지분 종합합산 과세표준금액에 대하여 토지분 재산세액으로 부과된 세액은 토지분 종합합산세액에서 공제한다.**	**토지분 별도합산 과세표준금액에 대하여 토지분 재산세액으로 부과된 세액은 토지분 종합합산세액에서 공제한다.**

• 종합합산과세대상인 토지의 과세표준 금액에 대하여 해당 과세대상 토지의 토지분 재산세로 부과된 세액(탄력세율이 적용된 경우에는 그 세율이 **적용된 후의 세액**, 세부담 상한을 적용받은 경우에는 그 상한을 적용**받은 후의 세액**을 말한다)은 **토지분 종합합산세액에서 이를 공제**한다.

- 별도합산과세대상인 토지의 과세표준 금액에 대하여 해당 과세대상 토지의 토지분 재산세로 부과된 세액(탄력세율이 적용된 경우에는 그 **세율이 적용된 세액**, 세부담 상한을 적용받은 경우에는 그 **상한을 적용받은 세액**을 말한다)은 토지분 **별도합산세액에서 이를 공제**한다.

ⓛ 세부담 상한

토 지	종합 합산 토지	직전년도세액의 150%까지
	별도 합산 토지	
주 택	직전년도세액의 150%까지	
	법인, 법인으로 보는 단체	세부담상한 없다.

④ **주택에 대한 종합부동산세액 산정**

구 분	일 반	1세대 1주택자
과세표준	(주택의 공시가격합계액 − **9억원**) × **공정시장가액비율(60%)**	(주택의 공시가격 합계액 − **9억원** − **3억원**) × **공정시장가액비율(60%)**
세 율	2주택 이하 소유인 경우 ⇨ 0.5%~2.7%의 누진세율 3주택 이상 소유한 경우 ⇨ 0.5%~5%의 누진세율	
	납세의무자가 법인 또는 법인으로 보는 단체	2주택 이하 ⇨ 2.7%
		3주택 이상 ⇨ 5%
이중과세 배제	주택분 종합합산 과세표준금액에 대하여 주택분재산세액으로 부과된 세액은 주택분 종합합산세액에서 공제한다.	

법인 소유 **주택**의 **과세표준은** 주택의 공시가액 × 공정시장가액비율(60%)이다.

- 주택분 과세표준 금액에 대하여 해당 과세대상 주택의 주택분 재산세로 부과된 세액(탄력세율이 적용된 경우에는 그 세율이 **적용된 세액**, 세부담 상한을 적용받은 경우에는 그 상한을 **적용받은 후의 세액**을 말한다)은 **주택분 종합부동산세액에서 이를 공제**한다.

㉠ 1세대 1주택자: "1세대 1주택자"란 세대원 중 1명만이 주택분 재산세 과세대상인 1주택만을 소유한 경우로서 그 주택을 소유한 거주자를 말한다. 이 경우 다가구주택은 1주택으로 본다.

㉡ 주택 수 계산
  ⓐ 1주택을 여러사람이 **공동으로 소유**한 경우 ⇨ 공동소유자 **각자가** 그 주택을 소유한 것으로 본다.
  ⓑ 다가주택 ⇨ 1주택으로 본다.
  ⓒ 1주택과 **다른 주택의 부수토지를 함께 소유**한 경우는 1세대 **1주택자**로 본다.

ⓓ **1주택과** 다음의 어느 하나에 해당하는 **상속주택**을 함께 소유한 경우에는 1세대 **1주택자**로 본다.

> 1. 과세기준일 현재 상속개시일부터 5년이 경과하지 않은 상속주택
> 2. 지분율이 100분의 40 이하인 상속주택 *지분율에 상당하는 공시가격이 6억원(수도권 밖의 지역 주택의 경우에는 3억원) 이하인 상속주택

ⓔ 일시적 2주택의 경우 : 1세대 1주택자가 1주택을 양도하기 전에 다른 주택을 대체 취득하여 일시적 2주택이 된 경우로 과세기준일 현재 **신규주택 취득일로부터 3년이 경과되지 아니**한 경우에는 **1세대 1주택자**로 본다.

ⓕ 지방저가주택 : 1주택과 **공시가액 3억원 이하의 지방 저가주택**을 함께 소유하고 있는 경우에는 1세대 1주택자로 본다.

> 지방저가 주택 : 다음 각 요건을 모두 충족하는 1주택을 말한다.
> 1. 공시가격이 3억원 이하일 것
> 2. 수도권 밖의 지역으로서 다음 각 목의 어느 하나에 해당하는 지역에 소재하는 주택일 것
>   가. 광역시 및 특별자치시가 아닌 지역
>   나. 광역시에 소속된 군
>   다. 「세종특별자치시 설치 등에 관한 특별법」 제6조 제3항에 따른 읍·면

ⓖ 배우자와 공동명의 1세대 1주택 : 주택 보유수를 1주택으로 신청한 경우 1세대 1주택자로 본다.

> **상속주택, 일시적 2주택, 지방 저가주택, 부부 공동명의 1세대 1주택** ⇨ 당해 연도 **9월 16일부터 9월 30일까지** 관할세무서장에게 1주택 **신청**하여야 한다.
> 주의 **혼인으로 인한 2주택**과 **노부모 봉양에 의한 2주택**의 경우는 **1주택 신청 사항이 아니다.**

ⓗ 혼인함으로써 1세대를 구성하는 경우에는 혼인한 날부터 10년 동안은 혼인한 자별로 각각 1세대로 본다.

ⓘ 동거봉양(同居奉養)하기 위하여 합가(合家)함으로써 과세기준일 현재 60세 이상의 직계존속(직계존속 중 어느 한 사람이 60세 미만인 경우를 포함한다)과 1세대를 구성하는 경우에는 합가한 날부터 10년 동안 주택 또는 토지를 소유하는 자와 그 합가한 자별로 각각 1세대로 본다.

ⓒ 세액공제(1세대 1주택자에 한하여 적용)

  ⓐ **연령별세액공제** ⇨ **과세기준일 현재 만 <u>60세 이상</u>인** <u>1세대 1주택자</u>

  - 60세 이상~65세 미만 : 20%

  - 65세 이상~70세 미만 : 30%

  - 70세 이상 : 40%

  ⓑ **장기보유세액공제** ⇨ **과세기준일 현재 <u>5년 이상 보유한</u>** <u>1세대 1주택자</u>

- 보유 5년 이상~10년 미만 : 20%
- 보유 10년 이상~15년 미만 : **40%**
- 보유 15년 이상 : **50%**(암기법 : 5년 간격, 이사오시면보유)

ⓒ **연령별세액공제와 장기보유세액공제는 중복 적용이 가능하다(합계 80% 범위 내에 서 중복 적용할 수 있다).**

보유기간 산정
1. **원칙** : 취득일~해당년도 기준일까지
2. **예 외**
   ① 소실(燒失)·도괴(倒壞)·노후(老朽) 등으로 인하여 멸실되어 재건축 또는 재개발 하는 주택에 대하여는 그 멸실된 주택을 취득한 날부터 보유기간을 계산한다.
   ② 배우자로부터 상속받은 주택에 대하여는 피상속인이 해당 주택을 취득한 날부터 보유기간을 계산한다

제3절 **종합부동산세의 분납**

1 종합부동산세 분납

제20조【분 납】 관할세무서장은 종합부동산세로 납부하여야 할 세액이 **250만원을 초과**하는 경우에 는 대통령령으로 정하는 바에 따라 그 세액의 **일부**를 납부기한이 경과한 날부터 **6개월 이내**에 분 납하게 할 수 있다.

❤ 일 부

분납시 일부금액	납부세액이 250만원 초과 5백만원 이하	250만원을 차감한 금액
	납부세액이 5백만원을 초과	납부세액의 50퍼센트 이하의 금액

기출문제 종합부동산세 종합문제

1. 거주자 甲이 2023년부터 보유한 3주택(주택 수 계산에서 제외되는 주택은 없음) 중 2주택을 2025.6.17.에 양도하고 동시에 소유권이전등기를 한 경우, 甲의 2025년도 주택분 종합부동산세액은 3주택 이상을 소유한 경우의 세율을 적용하여 계산한다. (○, ×) 제29회, 제35회

2. 「신탁법」 제2조에 따른 수탁자의 명의로 등기된 신탁주택의 경우에는 수탁자가 종합부동산세를 납부할 의무가 있으며, 이 경우 수탁자가 신탁주택을 소유한 것으로 본다. (○, ×) 제29회, 제35회

3. 법인이 2주택을 소유한 경우 종합부동산세의 세율은 1천분의 50을 적용한다. (○, ×) 제33회, 제35회

4. 공동명의 1주택자인 경우 주택에 대한 종합부동산세의 과세표준은 주택의 시가를 합산한 금액에서 11억원을 공제한 금액에 100분의 50을 한도로 공정시장가액비율을 곱한 금액으로 한다. (○, ×) 제35회

5. 납세의무자가 거주자인 개인인 경우 종합부동산세의 납세지는 「소득세법」상 납세지 규정을 준용한다. (○, ×) 제20회, 제33회

6. 신탁주택의 수탁자가 종합부동산세를 체납한 경우 그 수탁자의 다른 재산에 대하여 강제징수하여도 징수할 금액에 미치지 못할 때에는 해당 주택의 위탁자가 종합부동산세를 납부할 의무가 있다. (○, ×) 제35회

7. 종합부동산세법상 주택에 대한 과세 및 납세지에 관한 설명으로 옳은 것은? 제33회
① 납세의무자가 법인이며 3주택 이상을 소유한 경우 소유한 주택 수에 따라 과세표준에 1.2%~6%의 세율을 적용하여 계산한 금액을 주택분 종합부동산 세액으로 한다.
② 납세의무자가 법인으로 보지 않는 단체인 경우 주택에 대한 종합부동산세 납세지는 해당 주택의 소재지로 한다.
③ 과세표준 합산의 대상에 포함되지 않는 주택을 보유한 납세의무자는 해당 연도 10월 16일부터 10월 31일까지 관할 세무서장에게 해당 주택의 보유 현황을 신고하여야 한다.
④ 종합부동산세 과세대상 1세대 1주택자로서 과세기준일 현재 해당 주택을 12년 보유한 자의 보유기간별 세액공제에 적용되는 공제율은 100분의 50이다.
⑤ 과세기준일 현재 주택분 재산세의 납세의무자는 종합부동산세를 납부할 의무가 있다.

8. 종합부동산세법상 토지 및 주택에 대한 과세와 부과 · 징수에 관한 설명으로 옳은 것은?
제33회

① 종합합산과세대상인 토지에 대한 종합부동산세의 세액은 과세표준에 1%~5%의 세율을 적용하여 계산한 금액으로 한다.
② 종합부동산세로 납부해야 할 세액이 200만원인 경우 관할세무서장은 그 세액의 일부를 납부기한이 지난 날부터 6개월 이내에 분납하게 할 수 있다.
③ 관할세무서장이 종합부동산세를 징수하려면 납부기간개시 5일 전까지 주택분과 토지분을 합산한 과세표준과세액을 납부고지서에 기재하여 발급하여야 한다.
④ 종합부동산세를 신고납부방식으로 납부하고자 하는 납세의무자는 종합부동산세의 과세표준과 세액을 해당 연도 12월 1일부터 15일까지 관할세무서장에게 신고하여야 한다.
⑤ 별도합산과세대상인 토지에 대한 종합부동산세의 세액은 과세표준에 0.5%~0.8%의 세율을 적용하여 계산한 금액으로 한다.

9. 종합합산과세대상 토지의 재산세로 부과된 세액이 세부담상한을 적용받는 경우 그 상한을 적용받기 전의 세액을 종합합산과세대상 토지분 종합부동산세액에서 공제한다. (○, ×)
제35회

10. 과세대상 토지가 유상 이전되는 경우로서 매매계약서 작성일이 2025년 6월 1일이고, 잔금 지급 및 소유권이전 등기일이 2025년 6월 29일인 경우 종합부동산세의 납세의무자는 매수인이다. (○, ×)
제29회

11. 종합부동산세 납부할 세액이 1천만원을 초과한 경우 관할구역 내 부동산으로 물납 신청할 수 있다. (○, ×)

Answer

1. ○
2. ×, 위탁자의 소유
3. ×, 2.7%
4. ×, 공동소유주택으로 2주택 − 합산가액에서 9억 공제하고 공정시장가액비율 60%를 곱한금액이 과세표준
5. ○, 소득세법 납세지 − 거주자의 주소지
6. ×, 위탁자가 체납 경우 − 그 신탁재산에 대해 수탁자가 납세의무있다.
7. ⑤
　① 5% 비례세율 ② 거주자의 주소지 ③ 9월 16일~9월 30일 ④ 100분의 40
8. ④
　① 1%~3% 누진세율 ② 250만원 초과 ③ 주택분과 토지분을 합산한 과세표준과세액
　⑤ 0.5~0.7%
9. ×, 세부담상한을 적용받는 경우 그 상한을 적용받은 세액을 종합합산과세대상 토지분 종합부동산세에서 공제한다.
10. ×, 매도인이 납세의무자
11. ×, 물납규정은 없다.

MEMO

소득세 개요

소득세의 일반

1 소득세의 개념 및 특징

① **소득세의 의의** : 소득세는 개인이 과세기간(1월 1일부터 12월 31일까지) 동안 발생한 소득을 과세대상으로 하는 국세이다.

> ㉠ 종합과세 원칙 : 개인에게 1과세기간 내에서 발생한 이자소득 배당소득·근로소득·사업소득·연금소득·기타소득은 그 개인에 발생한 <u>다른 소득과 합산하여 종합소득세로</u> 과세한다.
>
> ㉡ 분류과세 : <u>양도소득, 퇴직소득</u>은 <u>다른 소득과 합산하지 아니하고</u> 각 따로 <u>구분계산하여</u> 과세하는 분류과세를 택하여 과세된다.

② **납세의무 성립** : **과세기간이 끝나는 때** 납세의무가 성립된다. **예정신고**의 경우는 과세표준이 되는 금액이 발생한 달의 말일에 납세의무가 성립된다.

③ **납세의무의 확정** : 납세의무자의 **신고**에 세액이 **확정**된다. 신고하지 아니한 경우 세무서장이 세액을 결정하여 고지서발부로 징수 한다.

④ 과세단위는 원칙적으로 개인단위 과세제도

⑤ **과세기간**

원 칙	1월 1일~12월 31일	
	사망할 경우	1월 1일~사망일
예 외	**출국시**	1월 1일~출국일

⑥ **납세지**

거주자	거주자의 주소지 관할 세무서
비거주자	사업장 소재지 관할 세무서

제2절 | **부동산 임대업에 대한 사업소득**

1 사업소득 중 부동산임대업에 대한 사업소득

① 부동산과 부동산상의 권리(지상권과 지역권 포함)대여로 인해 발생한 소득은 부동산임 대소득이다. 중요 **공익사업과 관련된 지역권 · 지상권의 설정 · 대여**소득은 **기타소득**으로, 그 밖의 지역권 · 지상권의 설정 · 대여소득은 사업소득으로 구분하여 과세

② **공장재단 또는 광업재단의 대여**로 인해 발생한 소득은 **부동산임대소득**이다.

> 주의 공장재단 등과 분리하여 일부 기계만을 대여하는 경우 ⇨ 리스업에 대한 사업소득이다.

③ 광업권자, 조광권자 또는 덕대의 채굴에 관한 권리 대여로 인해 발생한 소득은 부동산임 대소득이다. 중요 광업권자 · 조광권자 또는 덕대가 <u>자본적 지출이나 수익적 지출의 일 부 또는 전부를 부담하는 조건</u>으로 광업권 · 조광권 기타 채굴에 관한 권리를 대여하고 덕대 또는 분덕대로부터 받는 분철료 ⇨ 광업에 의한 사업소득이다.

④ <u>자기소유의 부동산을 타인의 담보물로 사용케 하고 받는 대가로 인해 발생한 소득은 부 동산임대소득이다.</u>

⑤ 부동산 매매업자 또는 건설업자가 판매를 목적으로 취득한 토지 등의 **부동산을** 일시적 으로 **대여하고 얻은 소득**은 부동산임대소득이다.

⑥ 광고용으로 토지 · 가옥의 옥상 또는 측면을 사용케 하고 받는 대가로 인해 발생한 소득 은 부동산임대소득이다.

2 부동산임대소득의 비과세

① **전답을 작물생산 소득에 이용하게 함으로 인하여 발생하는 소득**
전답을 작물생산이 아닌 다른 용도(주차장 · 하치장 등)로 이용하게 하고 받는 소득은 과 세대상이다.

② **비과세되는 주택의 임대소득**
비과세 주택임대소득이란 1개의 주택을 소유하는 자가 해당 주택(주택부수토지를 포함 한다)을 임대하고 지급받는 소득을 말한다. 다만, <u>국외에 소재하는 주택의 임대소득은 주 택 수에 관계없이 과세한다.</u>
　㉠ 1주택의 임대소득의 비과세 적용하기 위한 주택 수는 ⓐⓑⓒ에 따라 계산한다.
　　ⓐ <u>다가구주택은 1개의 주택으로 보되, 구분 등기된 경우에는 각각을 1개의 주택으로 계산</u>

ⓑ 고가주택을 제외한 <u>공동소유의 주택</u>은 <u>지분이 가장 큰 자의 소유로 계산</u>(지분이 가장 큰 자가 2인 이상인 경우로서 그들이 합의하여 그들 중 1인을 당해 주택의 임대수입의 귀속자로 정한 경우에는 그의 소유로 계산한다)

ⓒ <u>본인과 배우자가 각각 주택을 소유하는 경우에는 이를 합산</u>

ⓓ 임차 또는 전세 받은 주택을 전대하거나 전전세하는 경우에는 당해 임차 또는 전세 받은 주택을 임차인 또는 전세 받은 자의 주택으로 계산

ⓛ 주택: "주택"이란 상시 주거용(사업을 위한 주거용의 경우는 제외한다)으로 사용하는 건물을 말한다.

ⓐ 주택과 부가가치세가 과세되는 <u>사업용 건물이 함께 설치되어 있는 경우(겸용주택의 임대의 경우)</u> 그 주택과 주택부수토지의 범위는 주택 부분의 면적이 사업용건물 부분의 면적보다 큰 때에는 그 전부를 주택으로 본다.

ⓑ 주택 부분의 면적이 사업용건물 부분의 면적과 같거나 그 보다 작은 때에는 주택 부분 외의 사업용건물 부분은 주택으로 보지 아니한다.

ⓒ 고가주택: **"고가주택"이란** 과세기간 <u>종료일</u> 또는 해당 주택의 <u>양도일 현재 기준시가가 12억원을 초과하는 주택</u>을 말한다.

　　주의 고가주택의 임대소득은 부동산임대에 관한 사업소득을 수령된 **월세에 대해 과세**한다.

③ **부동산 임대 사업소득금액 계산**

ㄱ 총수입금액계산

총수입 금액 = 임대료 등 + 간주임대료 + 기타수입(관리비 등)

ⓐ 임대료 등: 해당 과세기간에 월세 등의 수입금액을 말한다.

> **주의** **부동산임대소득의 수입시기**
> 부동산임대소득에 대한 총수입금액의 수입할 시기는 다음 날로 한다.
> 1. <u>계약 또는 관습에 의하여 **지급일이 정하여 진 것**</u>은 <u>그 **정하여진 날**</u>을 부동산임대소득에 대한 총수입금액의 귀속시기로 한다.
> 2. 계약 또는 관습에 의하여 지급일이 <u>정하여지지 아니한 것은 그 지급받은 날</u>을 부동산임대소득에 대한 총수입금액의 귀속시기로 한다.

• 부동산임대소득이 있는 거주자가 해당 사업용 자산의 손실로 인하여 취득하는 **보험차익은 총수입금액에 산입**한다.

• <u>임대료 이외의 유지비, 관리비를 받는 경우에는 이를 총수입금액에 산입</u>한다.

• <u>전기료, 가스료, 수도료 등의 공공요금은 총수입금액에 산입하지 아니하나, 공공납부요금을 초과하는 금액은 총수입금액에 산입</u>한다.

- 거주자가 부동산 또는 그 부동산 권리 등을 대여하고 <u>보증금·전세금 또는 이와 유사한 성질의 금액(이하 보증금이라 한다)을 받은 경우는 다음 산식에 따라(간주임대료)</u> 계산한 금액을 총수입금액에 산입한다.

> 간주임대료 = (해당과세기간의 적수 - 임대용 부동산의 건설비 상당액의 적수) × 1/365 × 정기예금이자율 - 해당 과세기간의 해당 임대사업부문에서 발생한 금융수익(= 수입이자와 할인료 및 배당금의 합계액)
> 1. 임대용 부동산의 건설비 상당액은 해당 건축물의 취득가액을 말하며, 자본적 지출을 포함하고 재평가차액을 제외한 금액으로 한다.
> 2. 중요 간주임대료 계산할 때 <u>공제되는</u> 임대사업부문에서 발생한 **금융수익은** <u>수입이자와 할인료 및 배당금의 합계액</u>을 말한다. 여기에는 유가증권의 처분이익은 포함되지 않는다.

- 단, **주택을 대여하고 보증금(= 전세금)을 받은 경우는 간주임대료로 총수입금액에 포함되지 아니한다.**

> 주의 주택을 임대하고 받은 보증금이 간주 임대료로 포함 되는 경우
> **3주택 이상 + 보증금의 합계액이 3억원 초과 경우**이다.
> 주택을 대여하고 보증금 등을 받은 경우에는 **3주택**[주거의 용도로만 쓰이는 면적이 1호(戶) 또는 1세대당 40제곱미터 이하인 주택으로서 해당 과세기간의 기준시가가 2억원 이하인 주택은 2026년 12월 31일까지는 주택 수에 포함하지 아니한다] **이상**을 소유하고 해당 **주택의 보증금 등의 합계액이 3억원을 초과**하는 경우에 한하여 간주임대료를 계산한다.

- 결손금 공제

> 해당 과세기간의 **주거용 건물 임대업을 제외**한 부동산임대업에서 발생한 **결손금은** 그 과세기간의 종합소득과세표준을 계산할 때 **공제하지 않는다.**
> 해당 과세기간의 **주거용 건물 임대업**에서 발생한 **결손금은** 그 과세기간의 종합소득과세표준을 계산할 때 **공제한다.**

④ 주택 임대업에서 발생한 수입금액의 과세하는 방법

> 해당 과세기간에 <u>주거용 건물</u> 임대업에서 발생한 **수입금액의 합계액이 2천만원 이하인 자의 주거용 임대소득은 종합과세와 14% 분리과세 중 하나를 선택하여 적용**한다(소득세법 제64조의2 제1항).

> ☑ **주택의 임대**
> • 1주택의 임대 ⇨ 보증금(간주임대료)＋월세 ⇨ 비과세
> • 1주택(＝고가주택)의 임대 ⇨ 보증금(간주임대료)＋월세 ⇨ 월세만 과세
> • 2주택의 임대 ⇨ 보증금(간주임대료)＋월세
> ┌ 보증금(간주임대료): 비과세
> └ 월세: 과세
> • 3주택의 임대 ⇨ 보증금(간주임대료)＋월세
> ┌ 보증금(간주임대료): 비과세
> │ (단, <u>보증금의 3억원 초과인 경우는 과세)</u>
> └ 월세: 과세

> ☑ **상가의 임대**: 보증금(간주임대료) ＋ 월세 수령 경우
> ⇨ 보증금은 간주임대료로 과세하고 수령된 월세도 과세한다.

기출문제 부동산 임대업에 대한 사업소득

1. 소득세법령상 거주자의 부동산과 관련된 사업소득에 관한 설명으로 옳은 것은? 제35회
① 해당 과세기간의 종합소득금액이 있는 거주자(종합소득과세표준이 없거나 결손금이 있는 거주자를 포함한다)는 그 종합소득 과세표준을 그 과세기간의 다음 연도 5월 1일부터 5월 31일까지 대통령령으로 정하는 바에 따라 납세지 관할 세무서장에게 신고하여야 하며, 해당 과세기간에 분리과세 주택임대소득이 있는 경우에도 이를 적용한다.
② 공장재단을 대여하는 사업은 부동산임대업에 해당되지 않는다.
③ 해당 과세기간의 주거용 건물 임대업을 제외한 부동산임대업에서 발생한 결손금은 그 과세기간의 종합소득과세표준을 계산할 때 공제한다.
④ 「공익사업을 위한 토지 등의 취득 및 보상에 관한 법률」 제4조에 따른 공익사업과 관련하여 지역권을 설정함으로써 발생하는 소득은 부동산업에서 발생하는 소득에 해당한다.
⑤ 사업소득에 부동산임대업에서 발생한 소득이 포함되어 있는 사업자는 그 소득별로 구분하지 않고 회계처리하여야 한다.

2. 주택 1채만을 소유한 거주자가 과세기간 종료일 현재 기준시가 13억원인 해당 주택을 전세금을 받고 임대하여 얻은 소득에 대해서는 종합소득세가 과세되지 아니한다. (○, ×)
제25회, 제26회

3. 3주택(주택 수에 포함되지 않는 주택 제외) 이상을 소유한 거주자가 주택과 주택부수토지를 임대한 경우에는 법령으로 정하는 바에 따라 계산한 금액(간주 임대료)을 총수입금액에 산입한다. (○, ×)
제33회

4. 2주택의 임대로 인하여 얻은 과세대상 월세 소득은 사업소득으로서 해당 거주자의 종합소득금액에 합산된다. (○, ×)
제26회

5. 국내에 소재하는 논·밭을 작물 생산에 이용하게 함으로써 발생하는 사업소득은 소득세를 과세하지 아니한다. (○, ×)   제30회

6. 본인과 배우자가 각각 국내소재 주택을 소유한 경우, 이를 합산하지 아니하고 각 거주자별 소유 주택을 기준으로 주택임대소득 비과세 대상인 1주택 여부를 판단한다. (○, ×)   제22회

7. 3주택(법령에 따른 소형주택 아님)을 소유하는 자가 받은 보증금의 합계액이 3억원인 경우 법령으로 정하는 바에 따라 계산한 간주임대료를 사업소득 총수입금액에 산입한다. (○, ×)   제25회

8. 2주택(법령에 따른 소형주택 아님)과 2개의 상업용 건물을 소유하는 자가 보증금을 받은 경우 2개의 상업용 건물에 대하여만 법령으로 정하는 바에 따라 계산한 간주 임대료를 사업소득 총수입금액에 산입한다. (○, ×)   제25회

Answer

1. ①
   ② 공장재단을 대여하는 사업은 부동산임대업에 해당된다.
   ③ 해당 과세기간의 주거용 건물 임대업을 제외한 부동산임대업에서 발생한 결손금은 그 과세기간의 종합소득과세표준을 계산할 때 공제하지 아니한다.
   ④ 공익사업과 관련하여 지역권을 설정함으로써 발생하는 소득은 기타소득에 해당한다.
   ⑤ 사업소득에 부동산임대업에서 발생한 소득이 포함되어 있는 사업자는 그 소득별로 구분하여 회계처리하여야 한다.
2. ○
3. ×, 3주택 이상 임대 + 보증금의 합계액이 3억원 초과 ⇨ 간주임대료 부과
4. ○
5. ○
6. ×, 부부는 주택수 합산
7. ×, 3주택 이상 임대 + 보증금의 합계액이 3억원 초과 ⇨ 간주임대료 부과
8. ○

양도소득세의 양도

1 양도의 의의

(1) 양 도

양도란 과세대상물(= 자산)을 등기·등록에 관계없이 매도·교환·현물출자·대물변제·
경매·수용·부담부증여 등으로 인하여 그 자산이 유상으로 사실상 이전되는 것을 말한다.

- 소유권 이전한 자는 개인이어야 한다.
- 과세대상물 + 유상 + 사실상 소유권 이전

(2) 사용자산의 처분으로 인한 보유이득 과세

양도소득은 고정자산(= 사용 자산)의 누적된 보유이득이 양도에 의하여 일시에 실현된
것을 과세하는 국세이다.

주의 만약 **판매목적으로** 보유된 자산을 양도한 경우는 사업소득으로 다른소득과 합산하여
종합소득세가 과세됨에 유념

(3) 양도소득세의 과세대상물

① 사용되는 자산으로서 부동산이 해당

무체재산권(광업권, 어업권, 영업권), 준부동산(차량·기계장비·항공기·선박)은 양도소득
과세대상에 포함되지 않는다.

㉠ 토지·건물

㉡ 부동산 권리

- 지상권   • 전세권   • 등기된 부동산임차권

문제푸는 요령

지역권은 양도소득세 과세아니며, **임차권**은 꼭 <u>등기된</u> 경우에 <u>한한다</u>.

ⓒ 부동산 취득권리

- 아파트분양권
- 조합원입주권
- 부동산매매계약을 체결한 자가 계약금만 지급상태에서 양도하는 권리
- 지방자치단체·한국토지주택공사가 발행하는 토지상환채권 및 주택상환사채

┃ 문제푸는 요령 ┃

○○채권에서 **상환** 단어가 있고 부동산이 나오면 부동산취득권리로 과세 대상이다. 상환 단어가 **없는** 채권·사채는 양도소득세 과세대상 **아니**다.

② **주식 또는 출자지분**

주식은 **상장주식의 소액주주**만 **과세하지 않**고, 나머지의 **주식**에 대해서는 **과세**한다.

③ **파생상품** : 파생상품등의 거래 또는 행위로 발생하는 소득은 양도소득세 과세대상이 된다. 다만, 이자소득과 배당소득에 따른 파생상품의 거래 또는 행위로부터의 이익은 제외한다 (「소득세법」 제94조 제1항 제5호).

④ **기타자산**

㉠ 사업에 사용하는 자산과 **함께** 양도하는 **영업권**

사업에 사용하는 자산(토지·건물·부동산에 관한 권리를 말함)과 **함께** 양도하는 **영업권** (영업권을 별도로 평가하지 아니하였으나 사회통념상 자산에 포함되어 **함께** 양도된 것으로 인정되는 **영업권**과 행정관청으로부터 인가·허가·면허 등을 받음으로써 얻는 경제적 이익을 포함)은 **양도소득세 과세**대상이 된다(「소득세법」 제94조 제1항 제4호).

대상물	소득의 구분
사업에 사용하는 자산과 **함께** 양도하는 **영업권**	양도소득
사업에 사용하는 자산과 **분리**되어 양도하는 **영업권**	기타소득

㉡ 이축권

부동산과 함께 양도하는 「개발제한구역의 지정 및 관리에 관한 특별조치법」에 따른 이축을 할 수 있는 권리(이축권). 다만, 에는 기타소득으로 과세한다.

대상물	소득의 구분
부동산과 **함께** 양도하는 **이축권**	양도소득
해당 이축권 가액을 **별도로 평가**하여 **구분 신고**하는 경우	기타소득

© 특정시설물의 **이용·회원권**(「소득세법」 제94조 제1항 제4호)

> • 명칭과 관계없이 시설물을 배타적으로 이용하거나 일반 이용자보다 유리한 조건으로 이용할 수 있도록 약정한 단체의 구성원이 된 자에게 부여되는 시설물 이용권은 양도소득세 과세대상이 된다.
>   ☑ 골프회원권, 콘도미니엄 회원권 등
> • 법인의 주식등을 소유하는 것만으로 시설물을 배타적으로 이용 또는 유리한 조건으로 시설물 이용을 부여받게 되는 경우 양도소득세 과세대상이 된다.

② 특정법인의 주식: 다음의 요건을 모두(@ + ⓑ + ©) 충족하는 주식을 말한다.

요 건	내 용
@ 자산요건	해당 법인의 자산총액 중 토지와 건물, 부동산에 관한 권리의 자산가액 합계액이 차지하는 비율이 50%[부동산비율 계산시 해당 법인이 보유한 다른 부동산 과다보유법인 주식가액(부동산 보유비율 상당액)을 합산] 이상인 법인
ⓑ 주식보유요건	해당 법인의 주식등의 합계액 중 주주 1인과 기타 주주가 소유하고 있는 주식등의 합계액이 차지하는 비율이 50%를 초과하는 그 주주 1인 및 기타주주를 말한다.
© 양도요건	과점주주가 주식등을 과점주주 외의 자에게 여러 번에 걸쳐 양도하는 경우로서 과점주주 중 1인이 주식등을 양도하는 날부터 소급해 3년 내에 과점주주가 양도한 주식등을 합산해 해당 법인의 주식 등의 50% 이상을 양도하는 경우. 과점주주가 다른 과점주주에게 양도한 후 양수한 과점주주가 과점주주 외의 자에게 다시 양도한 경우를 포함한다.

> 특정주식: 소유주식수 50% + 부동산차지비율50% + 양도비율50%

⑩ 특수업종을 영위하는 부동산 과다보유법인의 주식: 다음의 요건에 모두(@ + ⓑ + ©)해당하는 법인의 주식을 양도하는 경우의 당해 주식을 말한다(「소득세법 시행령」 제158조).

요 건	내 용
@ 자산요건	해당 법인의 자산총액 중 토지·건물, 부동산에 관한 권리의 자산가액의 합계액이 차지하는 비율이 80% 이상인 법인
ⓑ 업종요건	「체육시설의 설치·이용에 관한 법률」에 따른 골프장·스키장·휴양콘도미니엄 또는 전문휴양시설을 건설 또는 취득하여 직접 경영하거나 분양 또는 임대하는 사업을 영위하는 법인
© 양도요건	1주만 양도하는 경우에도 과세대상

> 특정업종 영위 부동산 과다보유 법인의 주식: 휴양업법인 + 부동산차지비율80% + 1주식 양도

⑤ **신탁수익권**: 신탁 **수익권의 양도**를 통하여 신탁재산에 대한 지배·통제권이 사실상 이전되는 경우는 신탁재산 자체의 양도로 본다.

> 비교 위탁자와 수탁자 간 신임관계에 기하여 위탁자의 자산에 **신탁**이 설정되고 그 신탁재산의 소유권이 수탁자에게 이전된 경우로 **위탁자가** 신탁재산을 **실질적으로 지배하고 소유하는** 것으로 볼 수 있는 경우는 **양도가 아니다.**

기출문제 양도소득 과세대상물

1. 소득세법령상 다음의 국내자산 중 양도소득세 과세대상에 해당하는 것을 모두 고른 것은? (단, 비과세와 감면은 고려하지 않음)   제35회 기출

   ㉠ 토지 및 건물과 함께 양도하는 「개발제한구역의 지정 및 관리에 관한 특별조치법」에 따른 이축권(해당 이축권 가액을 대통령령으로 정하는 방법에 따라 별도로 평가하여 신고하지 않음)
   ㉡ 조합원입주권
   ㉢ 지역권
   ㉣ 부동산매매계약을 체결한 자가 계약금만 지급한 상태에서 양도하는 권리

   ① ㉠, ㉢   ② ㉡, ㉣   ③ ㉠, ㉡, ㉣
   ④ ㉡, ㉢, ㉣   ⑤ ㉠, ㉡, ㉢, ㉣

2. 소득세법령상 거주자의 양도소득세 과세대상은 모두 몇 개인가? (단, 국내소재 자산을 양도한 경우임)   제34회

   ㉠ 전세권
   ㉡ 등기되지 않은 부동산임차권
   ㉢ 사업에 사용하는 토지 및 건물과 함께 양도하는 영업권
   ㉣ 토지 및 건물과 함께 양도하는 「개발제한구역의 지정 및 관리에 관한 특별조치법」에 따른 이축권(해당 이축권의 가액을 대통령령으로 정하는 방법에 따라 별도로 평가하여 신고함)

   ① 0개   ② 1개   ③ 2개
   ④ 3개   ⑤ 4개

3. 비거주자가 국외 소재하는 토지를 양도하는 경우와 법인이 국내에 토지를 양도하는 경우는 양도소득세의 과세대상이 아니다. (○, ×)

4. 「소득세법」상 거주자의 양도소득세 과세대상에 관한 설명으로 틀린 것은? (단, 양도자산은 국내자산임)

① 무상이전에 따라 자산의 소유권이 변경된 경우에는 과세대상이 되지 아니한다.
② 부동산에 관한 권리 중 지상권의 양도는 과세대상이다.
③ 사업용 건물과 별도로 분리하여 양도하는 영업권은 과세대상이다.
④ 법인의 주식을 소유하는 것만으로 시설물을 배타적으로 이용하게 되는 경우 그 주식의 양도는 과세대상이다.
⑤ 부동산에 관한 권리 중 전세권의 양도는 과세대상이다.

Answer

1. ③ 양도소득과세대상은 ㉠, ㉡, ㉣, 과세대상 아닌 것은 ㉢ 지역권이다.
2. ③ 양도소득과세대상은 ㉠, ㉢으로 2개
3. ○
4. ③

(4) 양도에 해당되는 경우

① 매도 · 매각

② 교환(쌍방 모두 과세대상물에 해당되면, 쌍방 과세)

> **주의 - 1**
> 교환계약이 **취소**되었으나 선의의 제3취득자로 인해 소유권이전등기를 환원하지 못하는 경우는 양도에 해**당하지 아니**한다.
>
> **주의 - 2**
> 토지의 경계를 합리적으로 바꾸기 위해 "공간정보 구축 및 관리 등에 관한 법률에 따른 토지의 분할 등 대통령령으로 정하는 방법과 절차로 하는 토지의 교환"은 양도가 아니다.
>
> > "「공간정보의 구축 및 관리 등에 관한 법률」에 따른 토지의 분할 등 대통령령으로 정하는 방법과 절차로 하는 토지 교환"이란 다음 각 1. + 2.의 요건을 모두 충족하는 토지 교환을 말한다.
> > 1. 토지 이용상 불합리한 **지상(地上) 경계(境界)를 합리적으로 바꾸기 위하여** 「공간정보의 구축 및 관리 등에 관한 법률」이나 그 밖의 법률에 따라 토지를 분할하여 **교환**할 것
> > 2. 1.에 따라 분할된 토지의 전체 면적이 분할 전 토지의 전체 면적의 100분의 20을 초과하지 아니할 것

> **| 문제푸는 요령 |**
>
> **토지경계변경, 취소**가 있는 문장에서 교환이란 단어가 있는 문장은 **양도가 아니다.**
> **교환이 있는** 문장에서 토지의 **경계변경, 취소가 없으면** 양도이다.
> 예 토지 합필목적으로 한 교환 ⇨ 양도

③ **대물변제**: 채무자가 부담하고 있는 본래의 급부에 갈음하여 다른 급부를 함으로써 채권을 소멸시키는 채권자와 채무자 사이의 계약이다(「민법」 제466조).

> **1. 대물변제의 유형**
> 손해배상에 있어서 당사자간의 합의에 의하거나 법원의 확정판결에 의하여 일정액의 위자료를 지급하기로하고, 동 위자료 지급에 갈음하여 당사자 일방이 소유하고 있던 부동산으로 대물변제한 때에는 그 자산을 양도한 것으로 본다(「소득세법」 기본통칙 88-0…3)

> **2.** 이혼 당사자 일방이 위자료 지급에 갈음하여 양도소득세 과세대상물의 소유권을 이전하는 경우
> **3.** 임의**공매** 또는 **경매**절차에 의하여 부동산에 대한 경락 허가결정이 확정되고 그 대금이 완납된 것이라면 양도소득세 과세대상인 **양도에 해당**한다.
> **주의** 다만, 소유자산을 **경매·공매**로 인하여 **자기가 재취득**하는 경우에는 **양도로 보지 아니**한다(「소득세법」 기본통칙 88-0…1).
> **4.** 물납은 조세채무에 대하여 금전이 아닌 부동산 등으로 납부하는 것으로 대물변제로 보아 양도에 해당한다.
> **5.** 가등기에 기한 본등기

④ **현물출자**: 회사의 설립 또는 신주의 발행시에 금전 이외의 양도소득세 과세대상물을 법인에 현물로 제공하고 주식 또는 출자지분으로 그 대가를 지급받는 경우에는 사실상 유상이전으로 보아 양도소득세를 과세한다.

⑤ **수용**: 공공사업 기타 공공목적을 위해 개인의 특정한 재산권을 「공익사업을 위한 토지 등의 취득 및 보상에 관한 법률」 등 법률의 힘에 의해 강제적으로 취득하는 것을 말하며, 이 경우 토지 등의 소유자는 소유권을 토지 등을 수용할 수 있는 사업인정을 받은 자에게 사실상 이전하게 되고 그에 따른 보상금을 받기 때문에 유상이전으로서 양도에 해당한다.

⑥ **부담부 증여**
ㄱ 의의: 수증자(증여를 받는 자)가 증여자의 채무를 부담하는 조건으로 증여를 받는 것을 말한다.

> ㄴ 증여자의 채무를 수증자가 인수하는 경우에는 증여가액 중 그 **채무액**에 해당하는 부분은 그 자산이 **유상으로 사실상 이전**되는 것으로 보아 증여자에게 **양도소득세를 과세**한다.
> ㄷ **채무인수 이외**의 재산에 대하여는 유상이전이 되지 않기 때문에 **증여**로 보아 수증자에게 증여세를 과세한다.

www.pmg.co.kr

[비교] **배우자 또는 직계존비속 간에 양도하는 경우**

1. 배우자 또는 직계존비속간에 부동산을 이전하는 경우에는 실질적인 대가관계에 의문이 따르기 때문에 그 재산에 대하여는 증여로 추정되는 것이나, 그 대가를 지출한 사실이 입증되는 경우에는 양도로 본다(양도소득세 집행기준 88-151-6).

2. 대가를 지출한 사실이 입증되는 경우(「상속세 및 증여세법」 제44조 제3항)
   ① 법원의 결정으로 경매절차에 따라 처분된 경우
   ② 파산선고로 인하여 처분된 경우
   ③ 「국세징수법」에 따라 공매(公賣)된 경우
   ④ 「자본시장과 금융투자업에 관한 법률」 제8조의2 제4항 제1호에 따른 증권시장을 통하여 유가증권이 처분된 경우
   ⑤ 배우자등에게 대가를 받고 양도한 사실이 명백히 인정되는 경우로서 다음의 어느 하나에 해당하는 경우
      ㉠ 권리의 이전이나 행사에 등기 또는 등록을 요하는 재산을 서로 교환한 경우
      ㉡ 당해 재산의 취득을 위하여 이미 과세(비과세 또는 감면받은 경우 포함) 받았거나 신고한 소득금액 또는 상속 및 수증재산의 가액으로 그 대가를 지급한 사실이 입증되는 경우
      ㉢ 당해 재산의 취득을 위하여 소유재산을 처분한 금액으로 그 대가를 지급한 사실이 입증되는 경우

| 문제푸는 요령 |

"배우자간·직계존비속간"을 개별적 문제key로 잡고 뒤에..**대가입증,,파산선고,,교환,,경·공매** 단어가 있으면 유상이전으로 **양도**이다. 없으면 **증여 추정**으로 수증자가 채무를 인수하지 않은 것으로 추정한다.

배우자간 또는 직계존비속간의 부담부증여는 증여 추정
배우자간 또는 직계존비속간의 부담부증여인 경우 채무액은 수증자에게 인수하지 않은 것으로 추정하여 수증자가 증여재산가액 전체에 대해 증여세 납부한다.

(5) 양도로 보지 아니한 경우

① **무상이전**: 무상으로 이전되는 상속 또는 증여는 양도에 해당하지 않는다.

② **신탁으로 인한 소유권이전**
   ㉠ 위탁자와 수탁자 간 신임관계에 기하여 위탁자의 자산에 신탁이 설정되고 그 신탁재산의 소유권이 수탁자에게 이전된 경우로서 위탁자가 신탁 설정을 해지하거나 신탁의 수익자를 변경할 수 있는 등 신탁재산을 실질적으로 지배하고 소유하는 것으로 볼 수 있는 경우 양도로 보지 아니한다(「소득세법」 제88조 제1호 다목).

ⓛ 법원의 확정판결에 의하여 신탁해지를 원인으로 소유권이전등기를 하는 경우에는 양도로 보지 아니한다(「소득세법」 기본통칙 88-0…1).

ⓒ 「신탁법」에 의해 위탁자로부터 수탁자에게 소유권이 이전된 경우는 양도로 보지 아니한다.

문제푸는 요령

1,,,,명의신탁 및 신탁해지...⇨ 양도 ✕

양도소득세의 양도문제에서....**신탁**이란 단어가 있던지..<u>위탁자가</u> ...<u>실질적 지배</u> ..이 말이 있으면 <u>양도가 아니다.</u>

주의 신탁 수익권의 양도로 신탁재산에 대한 **지배권이 사실상 이전**되는 경우는 <u>양도에 해당한다.</u>

③ **양도담보**

㉠ 의의: 양도담보란 채무자가 채무의 변제를 담보하기 위해 담보로 제공한 물건의 소유권을 채권자에게 이전하고 채무자가 변제기에 채무를 이행하지 않은 경우에는 채권자가 그 목적물로 우선변제를 받지만, 일정기간 내에 변제를 하게 되면 그 소유권을 채무자가 회복하기로 하는 담보제도이다.

㉡ **양도담보**는 실질적으로 담보이전이므로 **양도소득세가 과세되지 아니**한다.

주의 **양도담보**계약을 체결한 후 **그 요건에 위배**하거나 **채무불이행**으로 인하여 당해 자산을 변제에 충당한 때에는 그 때에 이를 **양도한 것으로** 본다(「소득세법 시행령」 제152조 제2항). 이 경우 양도자는 양도담보권자가 아닌 채무자가 된다.

④ **공유물 분할**(「소득세법」 기본통칙 88-0…1)

양도로 보지 않는 경우	이혼으로 인하여 혼인 중에 형성된 부부공동재산을 「민법」 제839조의2에 따라 **재산분할**하는 경우에는 **양도로 보지 아니**한다.
	공동소유의 토지를 소유지분별로 단순히 분할하거나 공유자지분 변경 없이 2개 이상의 공유토지로 분할하였다가 그 공유토지를 소유지분별로 단순히 재분할하는 경우에는 양도로 보지 아니한다.
양도인 경우	공동소유의 토지를 소유지분별로 분할하면서 그 공유지분이 변경(지분의 감소)되면서 대가관계가 있는 경우에는 유상이전으로 보아 양도로 본다.

⑤ **환지처분 및 보류지 충당**

㉠ 의의: 도시개발사업, 농업생산기반 정비사업에 따라 사업시행자가 사업완료 후에 사업구역 내의 토지 소유자 또는 관계인에게 종전의 토지 또는 건축물 대신에 그 구역 내의 다른 토지 또는 사업시행자에게 처분할 권한이 있는 건축물의 일부와 그 건축물이 있는 토지의 공유지분으로 바꾸어주는 것(사업시행에 따라 분할·합병 또는 교환하는 것을 포함한다)을 말한다.

양도로 보지 않는 경우	「도시개발법」이나 그 밖의 법률에 따른 **환지처분**으로 지목 또는 지번이 변경되거나 **보류지로 충당**되는 경우에는 **양도로 보지 아니**한다(「소득세법」 제88조).
양도인 경우	토지소유자가 도시개발사업 등으로 **환지받은 토지를 양도**하거나 도시개발사업 시행자가 공사대금으로 취득한 **보류지를 양도**하는 경우에는 과세대상 **양도에 해당**한다.
	환지처분시 교부받은 토지의 면적이 **환지처분에 의한 권리면적보다 감소**되어 감소된 면적에 대해 금전적으로 보상을 받은 경우에는 **양도로** 본다.

⑥ 소유권 환원

양도가 아닌 경우	매매계약체결 후 **잔금청산 전**에 매매**계약의 해제**로 원소유자에게 소유권을 환원한 경우 **양도로 보지 아니**한다.
	매매원인 무효의 소에 의하여 그 매매사실이 원인무효로 판시되어 환원될 경우에는 **양도로 보지 아니**한다(「소득세법」 기본통칙 88−0···1).
양도인 경우	원인무효 등의 사유가 아닌 **적법하게** 성립한 계약이 당사자간의 합의해제로 당초 소유자에게 환원된 경우에는 이를 또 다른 **양도로 본다.**

기출문제 양도 여부

1. 법원의 확정판결에 의한 이혼위자료로 배우자에게 토지의 소유권을 이전하는 경우는 양도로 보지 아니한다. (○, ×)   제26회

2. 공동소유의 토지를 공유자 지분 변경 없이 2개 이상의 공유토지로 분할하였다가 공동지분의 변경 없이 그 공유토지를 소유지분별로 단순히 재분할 하는 경우는 양도이다. (○, ×)   제26회

3. 양도소득세에 관한 설명으로 옳은 것은?   제23회 변형
   ① 「도시개발법」의 규정에 따라 환지처분으로 지목이 변경되는 경우는 양도소득세 과세대상이다.
   ② 채무자가 채무의 변제를 담보하기 위하여 자산을 양도하는 계약을 체결한 후 채무불이행으로 인하여 당해자산을 변제에 충당한 경우는 양도소득세 과세대상이 아니다.
   ③ 지상권의 양도는 양도소득세 과세대상이 아니다.
   ④ 국내거주자의 양도소득세 과세표준은 종합소득 및 퇴직소득의 과세표준과 구분하여 계산한다.
   ⑤ 명의신탁이 해지되어 신탁자의 명의로 소유권이전 등기가 경료된 경우는 양도소득세과세대상이다.

4. 「소득세법」상 양도소득세 과세대상이 아닌 것은? 제23회

> ㉠ 「도시개발법」에 따라 토지의 일부가 보류지로 충당되는 경우
> ㉡ 지방자치단체가 발행하는 토지상환채권을 양도하는 경우
> ㉢ 이혼으로 인하여 혼인 중에 형성된 부부공동재산을 「민법」 제839조의2에 따라 재산분할하는 경우
> ㉣ 개인이 토지를 법인에 현물출자하는 경우
> ㉤ 주거용 건물건설업자가 당초부터 판매할 목적으로 신축한 다가구주택을 양도하는 경우

① ㉠, ㉡, ㉢   ② ㉠, ㉢, ㉤   ③ ㉡, ㉢, ㉣
④ ㉡, ㉣, ㉤   ⑤ ㉢, ㉣

5. 다음 중 양도소득세 과세대상인 양도의 개념에 해당하지 않는 것은? 제19회
① 등기·등록에 관계없이 매도·교환 등 자산이 유상으로 이전되는 경우
② 손해배상에 있어 당사자 간의 합의에 의하여 부동산으로 대물변제한 경우
③ 부담부증여에 있어 수증자가 인수하는 채무상당액
④ 「국세징수법」에 의해 공매된 경우
⑤ 담보 제공을 위한 소유권의 이전등기

6. 증여자인 매형의 채무를 수증자가 인수하는 부담부증여인 경우에는 증여가액 중 그 채무액에 상당하는 부분은 그 자산이 유상으로 사실상 이전되는 것으로 본다. (○, ×) 제19회

7. 거주자가 담보로 제공한 부동산을 채권자의 담보권 실행에 의하여 변제에 충당된 경우는 양도이다. (○, ×)

8. 다음 중 양도소득세가 과세되지 아니하는 경우는?
① 1세대 1주택을 2년 이상 보유한 남편의 주택을 이혼위자료조로 아내에게 소유권을 이전해 준 경우
② 甲·乙·丙이 균등으로 공동 소유한 토지를 甲 40%, 乙 30%, 丙 30% 지분으로 분할한 경우
③ 부동산을 동등가치로 대금수수가 없이 상호교환하는 경우
④ 양도담보로 된 자산에 대하여 채무불이행으로 변제에 충당한 경우
⑤ 부담부증여의 경우 수증자의 채무부담분

Answer

1. ×, 양도다.
2. ×, 분할은 양도가 아니다.
3. ④
4. ②
5. ⑤
6. ○
7. ○
8. ①

제2절 양도소득세의 비과세

1 양도소득세의 비과세

① **양도소득세의 비과세**: 다음의 양도로 인하여 발생하는 소득에 대하여는 양도소득세를 과세하지 아니한다. 그러나 <u>미등기양도에 해당하는 경우에는 원칙적으로 비과세를 적용하지 아니한다.</u>

> ㉠ 파산선고에 의한 처분소득
> ㉡ 농지의 교환 또는 분합
> ㉢ 1세대 1주택 및 부수토지의 양도
> ㉣ 지적재조사특별법에 따른 경계확정으로 지적공부상의 면적이 감소되어 같은 법에 따라 지급받는 조정금

② **농지의 교환·분합으로 인하여 발생하는 소득**: 농지의 교환 또는 분합으로 인하여 발생하는 소득에 대하여는 <u>교환 또는 분합하는 쌍방 토지가액의 차액이 가액이 큰 편의 4분의 1 이하인 경우에 한하여 양도소득세를 과세하지 아니한다.</u>

❤ 농지교환·분합시 전제조건

$$고액토지가액 - 저액토지가액 \leq 고액토지가액 \times \frac{1}{4}$$

㉠ 적용대상농지: 가액전제조건에 해당되고 다음 ⓐ~ⓓ 중 어느 하나에 해당되는 경우는 비과세한다.

ⓐ 국가 또는 지방자치단체가 시행하는 사업으로 인하여 교환 또는 분합하는 농지

> **☑ 비과세대상 농지의 범위**
> '농지'란 전·답으로서 지적공부상의 지목에 관계없이 실제로 경작에 사용되는 토지를 말하며, 농지 경영에 직접 필요한 농막·퇴비사·양수장·지소·농도·수로 등을 포함한다.

ⓑ 국가 또는 지방자치단체가 소유하는 토지와 교환 또는 분합하는 농지

ⓒ 경작상 필요에 의하여 교환하는 농지. 다만, 교환에 의하여 새로이 취득하는 농지를 3년 이상 농지소재지에 거주하면서 경작하는 경우에 한한다.

> **☑ 농지소재지의 범위**
> 농지의 교환·분합에서 농지소재지란 다음의 어느 하나에 해당하는 지역을 말한다.
> ① 농지가 소재하는 시군·구(자치구인 구를 말한다) 안의 지역
> ② 위 ①의 지역과 연접한 시·군·구 안의 지역
> ③ 농지로부터 직선거리 30km 이내에 있는 지역

ⓓ 농어촌정비법, 농지법, 농어촌진흥공사 및 농지관리기금법 또는 농업협동조합법에 의하며 교환 또는 분합하는 농지

ⓛ 농지에서 제외되는 농지(= 이는 과세되는 농지이다)

  ⓐ 양도일 현재 특별시·광역시 또는 시 지역에 있는 농지 중 국토의 계획 및 이용에 관한 법률에 의한 주거지역·상업지역 또는 공업지역안의 농지로서 이들 지역에 편입된 날 부터 3년이 지난 농지는 제외한다.

  ⓑ 당해 농지에 대하여 환지처분이전에 농지 외의 토지로 환지예정지의 지정이 있는 경우로서 그 환지예정지 지정일부터 3년이 지난 농지는 농지로 보지 아니한다.

[기출 문제] 농지의 교환·분합

> 1. 국가가 소유하는 토지와 분합하는 농지로서 분합하는 쌍방 토지가액의 차액이 가액이 큰 편의 4분의 1을 초과하는 경우 분합으로 발생하는 소득은 비과세된다. (○, ×)   제34회
>
> 2. 농지를 교환할 때 쌍방 토지가액의 차액이 가액이 큰 편의 3분의 1인 경우 발생하는 소득은 비과세된다. (○, ×)   제27회

Answer

1. ×, 1/4 이하
2. ×, 1/4 이하

2 1세대 1주택의 양도 – 비과세

① 1세대 1주택의 의의

"1세대 1주택"이란 거주자 및 그 배우자가 그들과 동일한 주소 또는 거소에서 생계를 같이 하는 가족과 함께 구성하는 **1세대가** 양도일 **현재 국내에 1주택을 보유**하고 있는 경우로서 해당 주택의 **보유기간이 2년 이상**인 것을 말한다. 단 취득당시 조정지역내의 1주택의 경우는 2년 보유기간 중에 2년 거주를 갖춘 경우에 2년 보유된 것으로 본다.

요건	주택의 소유자는 1세대이어야 한다.
	양도당시 국내에 1주택을 소유하여야 한다.
	그 주택의 보유기간이 2년 이상이어야 한다.

㉠ 1세대

ⓐ 1세대라 함은 거주자 및 그 배우자가 그들과 동일한 주소 또는 거소에서 생계를 같이 하는 가족의 전원을 말한다. 이 경우 가족이라 함은 거주자와 그 배우자의 직계 존비속(그 배우자 포함) 및 형제자매를 말하며, 취학·질병의 요양, 근무상 또는 사업상의 형편으로 본래의 주소 또는 거소를 일시퇴거한 자를 포함한다. 또한 1세대의 판정시기는 양도 당시의 상황에 따라 판정한다.

• 배우자에는 법률상 이혼하였으나, 생계를 같이 하는 등 사실상 이혼한 것으로 보기 어려운관계에 있는 경우는 배우자로 본다.

• **비거주자가 국내**의 1주택을 2년 보유하고 양도한 경우 과세된다.

ⓑ 1세대를 구성하려면 배우자가 있어야 하는 것이 원칙이다. 그러나 다음 어느 하나에 해당하는 경우에는 **배우자가 없는 때**에도 **1세대로 본다.**

배우자 없는 때에도 1세대로 보는 경우	납세의무자의 연령이 30세 이상인 경우
	「소득세법」 규정에 따른 소득이 「국민기초생활 보장법」 규정에 따른 **기준 중위소득**을 12개월로 환산한 금액의 **100분의 40 수준 이상**으로서 소유하고 있는 주택 또는 토지를 관리·유지하면서 독립된 생계를 유지할 수 있는 경우. 다만, 미성년자의 경우를 제외하되, 미성년자의 결혼, 가족의 사망 그 밖에 기획재정부령이 정하는 사유로 1세대의 구성이 불가피한 경우에는 그러하지 아니하다.
	배우자가 사망하거나 이혼한 경우

비과세되는 1세대 1주택에 있어서 **부부가** 각각 <u>단독세대를 구성된</u> 경우에도 **동일한 세대**로 본다.

주의 .....부부....이혼......각각 세대

㉡ 1주택의 요건: 양도당시 국내에 1주택만을 소유하여야 한다.

ⓐ 국내의 1주택을 소유하여야 하므로 **국외** 주택은 **주택 수에 포함하지 않고 과세**된다.

ⓑ **양도시점의 주택**이므로 나대지로 양도한 경우 또는 상가로 양도한 경우는 과세된다.

ⓒ 2개 이상의 주택을 **같은 날에 양도**하는 경우에는 당해 **거주자가 선택하는 순서**에 따라 주택을 양도한 것으로 본다.

ⓓ 주 택

- '주택'이란 양도일 현재 주거용으로 사용되는 건물과 그 부수토지 (도시지역내 수도권지역 내 주거·상업·공업지역 3배, 녹지지역·개발제한구역내·수도권지역밖 5배, 도시지역 밖은 10배)를 말한다.

> **주의** 주택부수토지가 **기준면적을 초과**하는 경우 그 초과하는 면적에 대하여는 나대지로 **양도소득세가 과세**된다.

- 주택인지 여부는 건축물 대장이나 등기부등본상의 용도에 관계없이 실질적인 용도에 따라 판단한다. 사실상용도가 불분명한 경우에는 공부상용도에 따른다.

> **주택 판정시의 구체적 사례**
> - 사용인의 기거를 위하여 **공장에 부수된 건물을 합숙소로 사용**하고 있는 경우 당해 합숙소는 **주택으로 보지 아니**한다.
> - 관광용 숙박시설인 콘도미니엄은 주택에 해당되지 아니한다.
> - 소유하고 있던 공부상의 주택인 1세대1주택을 거주용이 아닌 **영업용 건물로 사용**하다가 양도하는 때에는 1세대 1주택으로 보지 아니한다.

ⓔ 주택수 판정 : 1주택은 주거생활의 기준으로 판단한다. 한 울타리 안에 2채(안채, 별채) 이상의 주택이 있는 경우로서 그 주택이 동일한 생활 영역 안에 있다면 이를 하나의 주택으로 보는 것이다.

부부인 경우	주택수를 합산한다.
다가구주택의 경우	한가구가 독립하여 거주할 수 있도록 **구획된 부문을 각각 하나의 주택**으로 본다.
	하나의 매매단위로 양도한 경우에는 그 전체를 **하나의 주택**으로 본다.
공유주택	1주택을 여러 사람이 **공동으로 소유**하는 경우에는 **각각 개개인**이 1 주택을 소유하는 것으로 본다(상속으로 인한 공유주택 경우는 주된 소유자).

www.pmg.co.kr

매수자의 등기지연으로 인해 2주택이 된 경우 이는 사실상 1주택으로 본다.

1주택을 둘 이상의 주택으로 분할하여 양도하는 경우에는 1세대 1주택으로 보지아니한다.

1세대 1주택과 이에 부수되는 토지의 요건을 갖춘 상태에서 주택에 부수되는 토지를 분할하여 건물이 정착되지 아니한 부분의 토지를 양도하는 경우에 그 양도하는 부분의 토지는 1세대 1주택에 부수하는 토지로 보지 아니한다.

겸용 주택	주거부분이 주거 이외보다 **클때만 전부 주택으로** 본다(고가주택은 주거부문만 주택).
	주거부분이 주거 이외보다 **적거나 같은** 경우는 **주거부문만 주택**이다.
고가주택	**실지거래가** 12억원 초과 주택을 말한다.
	1세대 1주택으로 고가주택의 양도의 경우는 실지거래가 12억원 초과의 양도차익에 대해 과세한다.
	比교 부동산 **임대에 대한 사업소득**에서 비과세 제외되는 **고가주택**은 기준시가 **12억원 초과**를 말한다.
입주권·분양권	2021.1.1. 이후부터 **주택수에 포함**

ⓕ 1주택의 특례(양도시점에 2주택이나 1주택으로 보는 경우)

일시적으로 2주택이 된 경우	국내에 1주택을 소유한 1세대가 그 주택을 양도하기 전에 다른 주택을 취득(자기가 건설하여 취득한 경우 포함한다)함으로써 **일시적으로 2주택**이 된 경우 종전의 주택을 취득한 날부터 **1년 이상 지난 후** 다른 주택을 취득하고 그 다른 주택을 취득한 날부터 **3년 이내에 종전의 주택을 양도**하는 경우에는 이를 **1세대 1주택**으로 본다.
혼인으로 세대를 합쳐서 2주택이 된 경우	혼인한 날부터 **10년 이내에 먼저 양도하는 주택**은 이를 1세대 1주택으로 본다.
직계존속의 동거봉양을 위한 1세대 2주택	1주택을 보유하고 1세대를 구성하는 자가 1주택을 보유하고 있는 **60세 이상의 직계존속**(배우자의 직계존속을 포함하며, 직계존속 중 어느 한 사람이 60세 미만인 경우를 포함한다)**을 동거봉양하기 위**하여 세대를 합침으로써 1세대가 2주택을 보유하게 되는 경우 합친 날부터 **10년 이내에 먼저 양도하는 주택**은 이를 **1세대 1주택**으로 보아 비과세규정을 적용한다.
수도권지역 밖 소재 주택과 일반주택의 1세대 2주택	그 부득이한 사유 해소된 날로부터 3년 내에 일반주택을 양도하는 경우에는 1세대 1주택으로 본다.

136 제3편 국세

문화재주택과 일반주택의 1세대 2주택	**일반주택을 양도**하는 경우에는 국내에 1개의 주택을 소유하고 있는 것으로 보아 **1세대 1주택**
상속받은 주택과 일반주택의 1세대 2주택	
농어촌주택과 일반주택의 1세대 2주택	

다만, 농어촌 주택의 하나인 **귀농주택**에 대해서는 그 주택을 취득한 날부터 **5년 이내에 일반주택을 양도**하는 경우에 한정하여 적용한다.

> **참고** **농어촌주택의 범위**
>
> 농어촌주택의 범위(「소득세법 시행령」 제155조)
>
> 농어촌주택이란 다음 1~3 중 어느 하나에 해당하는 주택으로서 수도권 밖의 지역 중 읍(도시지역 제외)·면지역에 소재하는 다음의 주택을 말한다.
>
> 1. 상속받은 주택: 피상속인이 취득 후 5년 이상 거주한 사실이 있는 주택
> 2. 이농주택: 이농인(어업에서 떠난 자를 포함한다)이 취득일 후 5년 이상 거주한 사실이 있는 이농주택
> 3. 귀농주택: 영농 또는 영어에 종사하고자 하는 자가 취득(귀농 이전에 취득한 것을 포함한다)하여 거주하고 있는 주택으로서 다음의 요건을 갖춘 것을 말한다.
>   ① 취득 당시에 고가주택에 해당하지 아니할 것
>   ② 대지면적이 660m² 이내일 것
>   ③ 영농 또는 영어의 목적으로 취득하는 것으로서 다음의 어느 하나에 해당할 것
>   • 1,000m² 이상의 농지를 소유하는 자 또는 그 배우자가 해당 농지소재지에 있는 주택을 취득하는 것일 것
>   • 1,000m² 이상의 농지를 소유하는 자 또는 그 배우자가 해당 농지를 소유하기 전 1년 이내에 해당 농지소재지에 있는 주택을 취득하는 것일 것
>   • 기획재정부령이 정하는 어업인이 취득하는 것일 것
>   ④ 세대 전원이 이사(기획재정부령으로 정하는 취학, 근무상의 형편, 질병의 요양, 그 밖의 부득이한 사유로 세대의 구성원 중 일부가 이사하지 못하는 경우를 포함한다)하여 거주할 것

입주권, 2021.1.1. 이후부터 취득한 **분양권**은 **주택수에 포함**한다.

1세대가 주택(부수토지 포함)**과 조합원입주권 또는 분양권**을 보유하다가 그 주택을 양도한 경우	1세대 1주택으로 보지 아니한다.	
조합원입주권을 1개 소유한 1세대가 당해 **조합원입주권을 양도**하는 경우	양도일 현재 **다른 주택이 없는 경우**	**1세대 1주택**으로 본다.
	양도일 현재 **1조합원입주권 외에 1주택**을 소유한 경우로서 해당 1주택을 취득한 날부터 **3년 이내에 해당 조합원입주권을 양도**	

국내에 1주택을 소유한 1세대가 종전주택을 양도하기 전에 분양권을 취득함으로써 **일시적으로 1주택과 분양권**을 소유하게 된 경우 종전의 주택을 취득한 날부터 **1년 이상 지난 후 분양권**을 취득하고 그 분양권을 취득한 날부터 **3년 이내에 종전의 주택을 양도하는** 경우에는 이를 1세대 **1주택**으로 보아 비과세규정을 적용한다.

ⓒ 보유기간 요건

ⓐ 주택의 **보유기간이 2년 이상**인 경우에만 **1세대 1주택으로 비과세**된다. 다만, 취득 당시 조정지역내의 1주택의 경우는 2년 보유기간 중에 2년 거주를 갖춘 경우에 2년 보유된 것으로 본다(임대주택도 해당).

ⓑ **보유기간의 계산은 취득일로부터 양도일까지로** 한다.
거주기간은 주민등록표 등본상의 전입일로부터 전출일까지의 기간을 말한다.

ⓒ **거주기간 또는 보유기간을 계산함에 있어서 다음 각 기간을 통산한다.**

거주기간 또는 보유기간을 계산함에 있어서 그 기간을 **통산**하는 경우	거주하거나 보유하는 중에 소실·도괴·노후 등으로 인하여 **멸실되어 재건축한 주택**인 경우에는 그 멸실된 주택과 재건축한 주택에 대한 거주기간 및 보유기간을 **통산한**다.
	비거주자가 해당 주택을 **3년 이상 계속 보유**하고 그 주택에서 거주한 상태로 **거주자로 전환된** 경우에는 해당 주택에 대한 거주기간 및 보유기간을 **통산**한다.
	상속받은 주택으로서 상속인과 피상속인이 **상속**개시 당시 **동일세대**인 경우에는 상속개시 전에 상속인과 피상속인이 동일세대로서 보유한 기간은 **통산**한다.

1세대가 양도일 현재 국내에 1주택을 보유하고 있는 경우로서 다음의 ①부터 ⑤까지의 어느 하나에 해당하는 경우에는 그 보유기간(2년 보유) 및 거주기간(2년 거주)의 제한을 받지 않는다.

보유기간 및 거주기간의 제한을 받지 아니한 경우	① 「민간임대주택에 관한 특별법」에 따른 민간**건설임대주택** 또는 「공공주택 특별법」에 따른 공공건설임대주택을 취득하여 양도하는 경우로서 해당 건설임대주택의 임차일부터 해당 주택의 양도일까지의 기간 중 세대전원이 **거주한 기간이 5년 이상**인 경우
	② 주택 및 그 부수토지의 전부 또는 일부가 「공익사업을 위한 토지 등의 취득 및 보상에 관한 법률」에 의한 협의매수·수용 및 그 밖의 법률에 의하여 **수용**되는 경우 ⇨ 이 경우 그 양도일 또는 수용일부터 5년 이내에 양도하는 그 잔존주택 및 그 부수토지를 포함하는 것으로 한다.
	③ **해외이주**로 세대전원이 출국하는 경우. 다만, 출국일 현재 1주택을 보유하고 있는 경우로서 **출국일부터 2년 이내에 양도**하는 경우에 한한다.

	④ **1년 이상 계속**하여 **국외거주**를 필요로 하는 취학 또는 근무상의 형편으로 세대전원이 출국하는 경우. 다만, 출국일 현재 1주택을 보유하고 있는 경우로서 **출국일부터 2년 이내에 양도**하는 경우에 한한다.
	⑤ **1년 이상 거주**한 주택을 학교(유치원·초등학교 및 중학교 제외)에의 **취학**, 직장의 변경이나 전근 등 **근무상**의 형편, 1년 이상의 치료나 요양을 필요로 하는 질병의 치료나 요양 또는 학교폭력의 피해로 인한 전학을 위해 세대 전원이 다른 시·군으로 이전하기 위해 양도하는 경우

> **주의** 여기에서 **사업상은 포함되지 아니함**에 유념바람

3 파산선고에 의한 처분소득

법원의 파산선고에 의하여 처분되는 자산은 양도소득세가 부과되지 아니한다. 사업의 실패 등으로 사실상 파산한 경우라 하더라도 법원의 파산선고를 받지 않으면 비과세규정이 적용될 수 없다. 파산선고에 의한 처분으로 발생하는 소득에 대하여는 파산자가 법인일 경우에는 법인세를, 개인일 경우에는 양도소득세를 부과하지 아니한다.

4 양도소득 비과세 배제의 경우

> **소득세법 제91조**(양도소득세 비과세 또는 감면의 배제 등)
> 1. 미등기양도자산에 대하여는 양도소득에 대한 소득세의 비과세에 관한 규정을 적용하지 아니한다.
> 2. **부동산·부동산에 관한 권리를 매매하는 거래당사자가 매매**
> 계약서의 거래가액을 실지 거래가액과 다르게 적은 경우에는 해당 자산에 대하여 양도소득세의 비과세 또는 감면에 관한 규정을 적용할 때 비과세 또는 감면받았거나 받을 세액에서 다음 ㉠㉡의 구분에 따른 금액을 **뺀다.**
> ㉠ 양도소득세의 비과세에 관한 규정을 적용받을 경우: 비과세에 관한 규정을 적용하지 아니하였을 경우의 양도소득 산출세액과 **매매계약서의 거래가액과 실지거래가액과의 차액 중 적은 금액을 뺀다.**
> ㉡ 양도소득세의 감면에 관한 규정을 적용받았거나 받을 경우: 감면에 관한 규정을 적용받았거나 받을 경우의 해당 감면세액과 매매계약서의 거래가액과 실지거래가액과의 차액 중 **적은 금액을 뺀다.**

기출 문제 1세대 1주택

1. 사업상의 형편으로 인하여 세대전원이 다른 시·군으로 주거를 이전하게 되어 6개월 거주한 주택을 양도하는 경우 보유기간 및 거주기간의 제한을 받지 아니하고 양도소득세가 비과세 된다. (○, ×)
제35회

2. 상속받은 주택과 상속개시 당시 보유한 일반주택을 국내에 각각 1개씩 소유한 1세대가 상속 받은 주택을 양도하는 경우에는 국내에 1개의 주택을 소유하고 있는 것으로 보아 1세대 1주 택 비과세 규정을 적용한다. (○, ×)
제35회

3. 국내에 1주택만을 보유하고 있는 1세대가 해외이주로 세대전원이 출국하는 경우 출국일부터 3년이 되는 날 해당 주택을 양도하면 비과세된다. (○, ×)
제27회

4. 직장의 변경으로 세대전원이 다른 시로 주거를 이전하는 경우 6개월간 거주한 1주택을 양도 하면 비과세된다. (○, ×)
제27회

5. 토지를 매매하는 거래당사자가 매매계약서의 거래가액을 실지거래가액과 다르게 적은 경우 에는 해당 자산에 대하여 「소득세법」에 따른 양도소득세의 비과세에 관한 규정을 적용할 때, 비과세 받을 세액에서 '비과세에 관한 규정을 적용하지 아니하였을 경우의 양도소득 산출세액' 과 '매매계약서의 거래가액과 실지거래가액과의 차액' 중 적은 금액을 뺀다. (○, ×)
제35회

6. 1주택을 보유하고 1세대를 구성하는 자가 1주택을 보유하고 있는 60세 이상의 직계존속을 동거봉양하기 위하여 세대를 합침으로써 1세대가 2주택을 보유하게 되는 경우 합친 날부터 5년 이내에 먼저 양도하는 주택은 이를 1세대 1주택으로 보아 비과세규정을 적용한다. (○, ×)
제27회, 제28회

7. 「건축법 시행령」 별표 1 제1호 다목에 해당하는 다가구주택은 해당 다가구 주택을 구획된 부분별로 분양하지 아니하고 하나의 매매단위로 하여 양도하는 경우 그 구획된 부분을 각각 하나의 주택으로 본다. (○, ×)
제27회

8. 소득세법 시행령 제155조 '1세대 1주택의 특례'에 관한 조문의 내용이다. (   )에 들어갈 숫 자는?
제33회

> • 영농의 목적으로 취득한 귀농주택으로서 수도권 밖의 지역 중 면지역에 소재하는 주 택과 일반주택을 국내에 각각 1개씩 소유하고 있는 1세대가 귀농주택을 취득한 날부 터 (㉠)년 이내에 일반주택을 양도하는경우에는 국내에 1개의 주택을 소유하고 있 는 것으로 보아 제154조 제1항을 적용한다.

- 취학 등 부득이한 사유로 취득한 수도권 밖에 소재하는 주택과 일반주택을 국내에 각 각 1개씩 소유하고 있는 1세대가 부득이한 사유가 해소된 날부터 (㉡)년 이내에 일 반주택을 양도하는 경우에는 국내에 1개의 주택을 소유하고 있는 것으로 보아 제154조 제1항을 적용한다.
- 1주택을 보유하는 자가 1주택을 보유하는 자와 혼인함으로써 1세대가 2주택을 보유하 게 되는 경우 혼인한 날부터 (㉢)년 이내에 먼저 양도하는 주택은 이를 1세대 1주택 으로 보아 제154조 제1항을 적용한다.

9. 1주택을 여러 사람이 공동으로 소유하고 있는 경우, 양도한 해당 주택을 지분이 큰 자의 1주택으로 본다. (○, ×)

10. 조합원입주권을 1개 소유한 1세대가 당해 조합원입주권을 양도하는 경우로 양도일 현재 다른 주택이 없는 경우에는 1세대 1주택으로 보지 아니한다. (○, ×)

11. 양도일 현재 임대주택법에 의한 건설임대주택 1주택만을 보유하는 1세대는 당해 건설임대주택의 임차일부터 당해 주택의 양도일까지의 거주기간이 5년 이상인 경우 보유기간 요건을 충족하지 않더라도 비과세한다. (○, ×) 제24회

12. 양도 당시 실지거래가액이 13억원인 1세대 1주택의 양도로 발생하는 양도차익 전부가 비과세된다. (○, ×) 제24회

13. 1세대 1주택 비과세규정을 적용하는 경우 부부가 각각 세대를 달리 구성하는 경우에도 동일한 세대로 본다. (○, ×) 제24회

14. 하나의 건물이 주택과 주택 외의 부분으로 복합되어 있는 겸용주택의 경우 주택의 면적이 주택 외의 면적보다 클 때에는 주거부분만 주택으로 본다. (○, ×) 제24회

15. 주택 및 그 부수토지의 전부 또는 일부가 공익사업을 위한 토지 등의 취득 및 보상에 관한 법률에 의한 협의 매수·수용되는 경우는 1주택에 대한 양도소득세의 비과세 적용요건 중 보유기간 및 거주기간의 제한을 받지 아니하는 경우이다. (○, ×)

Answer

1. ×, 사업상 ⇨ 취학상·근무상·요양상 형편, 6개월 거주한 주택 ⇨ 1년 이상 거주한 주택
2. ×, 상속받은 주택과 상속개시 당시 보유한 일반주택을 국내에 각각 1개씩 소유한 1세대가 상속받은 주택을 양도하는 경우에는 국내에 1개의 주택을 소유하고 있는 것으로 보아 1세대 1주택 비과세 규정을 적용하지 아니한다.
3. ×, 출국일부터 3년이 되는 날 ⇨ 출국일로부터 2년 이내
4. ×, 6개월 거주 ⇨ 1년이상 거주
5. ○
6. ○
7. ×, 하나의 매매단위인 경우는 전체를 주택으로 본다.
8. ㉠ − 5년, ㉡ − 3년, ㉢ − 10년
9. ×, 각자 1주택 소유
10. ×, 1주택으로 본다.
11. ○
12. ×, 12억원 초과분의 양도차익에 대해 과세
13. ○
14. ×, 전부 주택
15. ○

제3절 | 양도소득세의 양도시기·취득시기

01 양도소득세의 양도시기 또는 취득시기

출제빈도 제9회, 제10회, 제11회, 제12회, 제13회, 제14회, 제15회, 제18회, 제25회, 제29회, 제32회, 제34회
양도차익계산시 양도차익의 귀속이 확정되는 양도시기도 중요하지만, 보유기간을 판정할 때 취득시기의 확정도 중요한 의미를 가진다. 이를 취득세의 취득시기와는 별도의 개념으로 이해하고, 양도소득세의 문제인지, 취득세의 문제인지를 구별하여 문제를 풀어야 한다. 양도소득세는 소유권개념으로, 취득세는 빠른 날 개념으로 법이 만들어져 있음을 구별하면 된다.

1 양도시기·취득시기의 원칙 : 대금청산일

여기에서 대금이란 당해 자산의 양도에 대한 양도소득세 및 양도소득세의 부가세액을 양수자가 부담하기로 약정한 경우에는 당해 **양도소득세** 및 양도소득세의 부가세액을 '**대금**'에서 **제외**한다.

① **대금청산일이 불분명** : 등기등록접수일
② **대금청산일 전 등기** : 등기등록접수일

② 거래 상황별 양도시기 또는 취득시기

① **상속, 상속개시일, 증여**: 증여받은 날

② **환지처분으로 인하여 취득한 토지**: 도시개발법 기타 법률에 의한 **환지처분**으로 인하여 취득한 토지의 취득시기는 **그 환지처분이 있기 전 토지**, 즉 종전토지의 취득일이 된다. 다만, 교부받은 토지의 면적이 <u>환지처분</u>에 의한 권리의 면적보다 <u>증가 또는 감소</u>된 경우에는 그 증가 또는 감소된 면적의 토지에 대한 취득시기 또는 양도시기는 환지처분의 공고가 있는 날의 **다음 날**로 한다.

> **참고**
> • ....**환지...** 환지 받기 **전** 토지의 취득일
> • ...환지... **증가·감소** ... <u>다음 날</u>

③ 부동산의 소유권이 타인에게 이전되었다가 법원의 **무효판결**에 의하여 소유권이 환원되는 경우에 해당 자산의 취득시기는 그 <u>자산의 당초 취득일</u>이 된다.

> **참고** **... 무효 판결...당초 자산의 취득일**

④ 완성 또는 확정되지 아니한 자산을 양도 또는 취득한 경우로서 해당 자산의 대금을 청산한 날까지 그 목적물이 완성 또는 확정되지 아니한 경우에는 그 목적물이 완성 또는 확정된 날을 그 양도일 또는 취득일로 본다. 이 경우 건설 중인 건물의 완성된 날에 관하여는 자기가 건설한 건축물의 취득시기를 준용한다(소득세법시행령 제162조 제1항 제8호).

> **참고 ...** **대금청산일까지 미완성 ⇨ 완성일**

⑤ 공익사업을 위한 토지 등의 취득 및 보상에 관한 법률이나, 그 밖의 법률에 따라 공익사업을 위하여 수용되는 경우에는 **대금청산한 날, 수용의 개시일** 또는 소유권이전**등기접수일 중 빠른 날**로 한다. 다만, 소유권에 관한 **소송**으로 보상금이 공탁된 경우에는 소유권 관련 소송 **판결 확정일**로 한다.

⑥ 건축허가를 받아 자기가 건설한 건축물의 취득시기는 「건축법」에 따른 사용승인서 교부일로 한다. 다만, 사용승인서 교부일 전에 사실상 사용하거나 임시사용승인을 받은 경우에는 그 사실상의 사용일 또는 임시사용승인을 받은 날 중 **빠른 날**로 한다(소득세법시행령 제162조 제1항 제4호). 건축 허가를 받지 아니하고 건축하는 건축물에 있어서는 그 사실상의 사용일을 취득시기로 본다(소득세법시행령 제162조 제1항 제4호).

> **참고 자가 신축**
> • 허가받은 경우: 사용검사필증 교부일
> • 무허가: **사실상 사용일**

⑦ 20년간 소유의 의사로 평온·공연하게 부동산을 점유한 후 등기함으로 인하여 소유권을 취득하는 경우(민법 제245조)에는 당해 부동산의 점유를 개시한 날을 취득의 시기로 한다(소득세법시행령 제162조 제1항 제6호).

> **참고** 민법에 의해 점유로 소유권 취득한 부동산 : 점유개시일

⑧ **장기할부**조건 매매의 경우는 소유권이전등기(등록 및 명의개서를 포함)접수일·**인도일** 또는 **사용수익일 중 빠른 날**로 한다(소득세법시행령 제162조 제1항 제3호).

⑨ **경매**에 의하여 자산을 취득하는 경우에는 경락인이 매각조건에 의하여 **경매대금을 완납한 날**이 취득의 시기가 된다(소득세법 기본통칙 98-162…3).

⑩ 잔금을 **어음**이나 기타 이에 준하는 증서로 받은 경우 어음 등의 **결제일**이 그 자산의 잔금청산일이 된다(소득세법 기본통칙 98-162…4).

⑪ 양도한 자산의 취득시기가 분명하지 아니한 경우에는 먼저 취득한 자산을 먼저 양도한 것으로 본다(소득세법시행령 제162조 제5항).

⑫ **교환하는 자산**(양도소득세 집행기준 98-162-22)

> ㉠ 교환가액에 차이가 없는 경우 : 교환성립일
> ㉡ 차액의 정산이 필요한 경우 : 차액을 정산한 날
> ㉢ 불분명한 경우 : 교환등기접수일

⑬ **의제취득시기** : 1984년 12월 31일 이전 취득 - 1985년 1월 1일 취득 간주(비상장주식, 상장주식은 1986년 1월 1일 취득간주)

⑭ **이혼시 위자료 지급 갈음하여 과세대상물의 소유권이전** : 취득시기는 **이혼 시점**

⑮ 이혼으로 인하여 혼인 중에 형성된 부부 공동재산을 민법에 따라 **재산 분할**로 취득한 자산의 양도의 경우 취득시기는 **전 소유자(배우자)가 취득한 시점**

기출문제 양도소득세의 양도시기 또는 취득시기

1. 소득세법령상 양도소득세의 양도 또는 취득시기에 관한 내용으로 틀린 것은? 제34회
① 대금을 청산한 날이 분명하지 아니한 경우에는 등기부·등록부 또는 명부 등에 기재된 등기·등록접수일 또는 명의개서일
② 상속에 의하여 취득한 자산에 대하여는 그 상속이 개시된 날
③ 대금을 청산하기 전에 소유권이전등기를 한 경우에는 등기부에 기재된 등기접수일
④ 자기가 건설한 건축물로서 건축허가를 받지 아니하고 건축하는 건축물에 있어서는 그 사실상의 사용일
⑤ 완성되지 아니한 자산을 양도한 경우로서 해당 자산의 대금을 청산한 날까지 그 목적물이 완성되지 아니한 경우에는 해당 자산의 대금을 청산한 날

2. 기획재정부령이 정하는 장기할부조건의 경우에는 소유권이전등기(등록 및 명의개서를 포함한다) 접수일·인도일 또는 사용수익일 중 빠른 날이 양도소득세의 양도시기 또는 취득시기이다. (○, ×) 제29회

3. 경매에 의하여 취득시는 경락일을 취득시기로 한다. (○, ×)

4. 도시개발법에 따른 환지처분으로 교부받은 토지의 면적이 환지처분에 의한 권리면적보다 증가된 경우에는 그 증가된 면적의 토지에 대한 취득시기 또는 양도시기는 환지받은 날로 한다. (○, ×) 제29회, 제32회

5. 공익사업을 위한 토지 등의 취득 및 보상에 관한 법률에 따라 공익사업을 위하여 수용되는 경우의 양도소득세 양도시기 또는 취득시기는 사업인정고시일의 다음 날이다. (○, ×) 제25회

6. 증여에 의하여 취득한 자산은 증여를 받은 날이 양도소득세의 취득시기이다. (○, ×)

7. 교부받은 토지의 면적이 환지처분에 의한 권리의 면적보다 증가 또는 감소된 경우에는 그 증가 또는 감소된 면적의 토지에 대한 취득시기 또는 양도 시기는 환지받기 전 토지의 취득일로 한다. (○, ×)

8. 소유권에 관한 소송으로 보상금이 공탁된 경우에는 소유권 관련 보상금 공탁일로 한다. (○, ×)

1. ⑤
2. ○
3. ×, 경락대금 완납일
4. ×, 공고일의 다음 날
5. ×, 수용 − 등기, 대금청산일, 수용개시일 중 빠른 날
6. ○
7. ×, 공고일의 다음 날
8. ×, 판결확정일

제4절 | 양도소득세의 세액 산정

1. 양도소득세의 계산구조 흐름

☑ 양도소득세 계산구조 흐름 【암기력 : **차** **장** **소** **기** 과표】

- 양도가액 (−) 필요경비 = 양도 **차** 익
- 양도 **차** 익 (−) **장** 기보유특별공제 = 양도 **소** 득금액
- 양도 **소** 득금액 (−) **기** 본공제 = 양도소득 과세표준
- 양도소득 과세표준 (×) 세율 = 양도소득 산출세액
- 양도소득산출세액 − 세액감면 − 세액공제 = 양도소득결정세액
- 양도소득결정세액 + 가산세 = 양도소득 총 결정세액

2. 실지거래가에 의한 양도차익

출제빈도 제5회, 제15회, 제16회, 제18회, 제20회, 제22회, 제23회, 제24회, 제25회, 제26회, 제28회, 제29회, 제31회, 제33회

양도차익은 양도가액에서 필요경비를 뺀 금액이다. 이는 실지거래가에의한 양도차익과 기준시가에 의한 양도차익으로 구성되는데 실지거래가에 의한 양도차익 산정이 원칙이다.

문제에서 양도차익 산정 문제가 나오면 실지거래가에 의한 양도차익으로 산정하면 된다.

양도차익 = 양도가액 − 실지거래가의 필요경비(취득가액, 자본적지출, 양도비용)

> **제100조【양도차익의 산정】** ① 양도차익을 계산할 때 양도가액을 실지거래가액(에 따를 때에는 취득가액도 실지거래가액에 따르고, 양도가액을 기준시가에 따를 때에는 취득가액도 기준시가에 따른다.
> ② 제1항을 적용할 때 양도가액 또는 취득가액을 실지거래가액에 따라 산정하는 경우로서 **토지와 건물 등을 함께 취득하거나 양도한 경우에는 이를 각각 구분하여 기장하되** 토지와 건물 등의 가액 구분이 불분명할 때에는 취득 또는 양도 당시의 기준시가 등을 고려하여 대통령령으로 정하는 바에 따라 안분계산(按分計算)한다. 이 경우 공통되는 취득가액과 양도비용은 해당 자산의 가액에 비례하여 안분계산한다.
> ③ 제2항을 적용할 때 토지와 건물 등을 함께 취득하거나 양도한 경우로서 그 토지와 건물 등을 구분 기장한 가액이 같은 항에 따라 안분계산한 가액과 100분의 30 이상 차이가 있는 경우에는 토지와 건물 등의 가액 구분이 불분명한 때로 본다.

① 양도가액

> **제96조【양도가액】** ① 양도소득세 과세대상에 따른 자산의 양도가액은 그 자산의 양도 당시의 양도자와 양수자 간에 실지거래가액에 따른다.

㉠ 원칙 : 양도시점의 실지거래가에 의한 총수입금액

㉡ 상황별에 따른 양도가액

  ⓐ 실지거래가격이 확인되지 않는 경우의 추계조사 결정특례

    추계결정방법 : 다음의 방법을 순차로 적용하여 산정한가액에 의한다.

> **매** 매사례가액 ⇨ **감** 정평가액 ⇨ **환** 산취득가액 ⇨ **기** 준시가

Ⅲ 용어해설

1. **실지거래가**
   "실지거래가액"이란 자산의 양도 또는 취득 당시에 양도자와 양수자가 실제로 거래한 가액으로서 해당 자산의 양도 또는 취득과 대가관계에 있는 금전과 그 밖의 재산가액을 말한다(소득세법 제88조).

2. **매매사례가액**
   양도일 또는 취득일 전후 각 3개월 이내에 해당 자산(주권상장법인의 주식 등은 제외한다)과 동일성 또는 유사성이 있는 자산의 매매사례가 있는 경우 그 가액(소득세법시행령 제176조의2제3항 제1호)

3. **감정가액**
   양도일 또는 취득일 전후 각 3개월 이내에 해당 자산(주식 등을 제외한다)에 대하여 둘 이상의 감정평가법인 등이 평가한 것으로서 신빙성이 있는 것으로 인정되는 감정가액(감정평가 기준일이 양도일 또는 취득일 전후 각 3개월 이내인 것에 한정한다)이 있는 경우에는 그 감정가액의 평균액

4. **환산취득가**

토지·건물 및 부동산을 취득할 수 있는 권리의 경우에는 다음 계산식에 따른 금액을 말한다 (소득세법시행령 제176조의2 제3항 제3호).

> 양도 당시의 실시거래가액(또는 매매사례가액, 감정가액) × 취득 당시의 기준시가/ 양도 당시의 기준시가

5. **기준시가**

기준시가란 「소득세법」의 규정에 따라 산정한 가액으로서 양도 당시 또는 취득 당시의 기준이 되는 가액을 말한다. 이러한 기준시가는 양도소득세 계산시 양도가액과 취득가액의 산정, 상속세 및 증여세 계산에 있어서 상속재산가액 또는 증여재산가액의 산정시 기준이 되는 정부가 결정한 기준금액을 말한다(소득세법시행령 제176조의2 제3항 제4호).

① 토지의 기준시가: 토지의 기준시가는 부동산 가격공시에 관한 법률」에 따른 개별공시지가(소득세법 제99조 제1항 제1호 가목)

② 주택의 기준시가: 「부동산 가격공시에 관한 법률」에 따른 개별주택가격 및 공동주택가격

③ 건물의 기준시가: 건물의 신축연도·구조·용도·위치 등을 참작하여 매년 1회 이상 국세청장이 산정·고시하는 가액(소득세법 제99조 제1항 제1호 나목)

④ 부동산을 취득할 수 있는 권리: 양도자산의 종류, 규모, 거래상황 등을 고려하여 취득일 또는 양도일까지 납입한 금액과 취득일 또는 양도일 현재의 프리미엄에 상당하는 금액을 합한 금액을 말한다.

- 양도가액의 경우 추계결정 순서

  주의 양도가액에는 환산 가액을 적용할 수 없다.

  > 매 매사례가액 ⇨ 감 정평가액 ⇨ 기 준시가

- 거주자가 건물을 **신축** 또는 **증축**(증축의 경우 바닥면적 합계가 85제곱미터를 초과하는 경우에 한정한다)**하고 그 건물의 취득일 또는 증축일부터 5년 이내에 해당 건물을 양도하는 경우**로서 따른 **감정가액 또는 환산취득가액을 그 취득가액으로 하는 경우**에는 해당 건물의 **감정가액**(증축의 경우 증축한 부분에 한정한다) **또는 환산취득가액**(증축의 경우 증축한 부분에 한정한다)**의 100분의 5에 해당하는 금액을 양도소득 결정세액에 더**한다.

ⓑ 부당행위계산의 부인

= 특수관계인과의 거래 + 조세를 부당히 회피한 경우

> 1. **특수관계자**에게 자산을 시가보다 저가로 양도한 경우에는 **시가**에 의하여 양도가액을 계산한다(시가와 거래가액의 차액이 3억원 이상이거나 시가의 100분의 5에 상당하는 금액 이상인 경우에 한한다).

② **실지거래가에 의한 필요경비**(증빙 제출 또는 은행의 지출의 증빙 경우 인정)

> **취득에 든 실지거래가액 + 자본적지출 + 양도비용**

㉠ 취득에 든 실지거래가액 : "취득에 든 실지거래가액"이란 다음 금액을 합한 것을 말한다.

ⓐ 타인으로부터 매입한 자산은 매입가액에 취득세·등록세 기타부대비용을 가산한 금액

> 매입자산의취득원가 = 매입가 + 부대비용(취득세·등록세 등)
> ⇨ 부대비용이란 사용가능시점까지 발생된 비용을 말한다.

- 취득시 중개보수, 법무사의 수수료 등은 양도소득금액 계산시 필요경비로 공제한다.
- 취득세는 납부영수증이 없는 경우에도 양도소득금액 계산시 필요경비로 공제한다.
- ☑ 주의사항 : 필요경비는 증빙을 갖춘 경우에 인정되나 취득세만큼은 영수증이 없더라도 인정된다.

> **주의** 재산세·종합부동산세·지역자원시설세·상속세·증여세는 필요경비에 산입되지 아니한다.

ⓑ 당사자가 약정에 의한 대금지급방법에 따라 취득가액에 이자상당액을 가산하여 거래가액을 확정하는 경우 당해 이자상당액은 취득가액에 포함한다.

> **주의** 당초 약정에 의한 거래가액에 **지급기일의 지연으로 인하여 추가로 발생하는 이자** 상당액은 취득가액에 **포함하지 아니**한다(= 취득가액에서 공제한다. 필요경비에 산입되지 아니한다).

| **문제푸는 요령** |

"**약정에 의한**" 대금지급방법...	원칙 : 이자	필요경비 포함
	지연.....이자	필요경비 불(不) 포함

ⓒ 사업자가 자산을 장기할부조건으로 매입하고 기업회계기준에 의하여 현재가치할인차금을 취득가액과 구분하여 계상한 경우에도 <u>현재가치할 인차금을 취득가액에 포함</u>한다. 단, 양도자산의 보유기간 중에 그 현재가치 상각액을 각연도의 <u>사업소득금액</u> <u>계산시 필요경비에 산입</u>하였거나 산입할 금액이 있는 경우에는 이를 <u>취득가액에서</u> <u>공제한다(= 필요경비에 산입되지 아니한다)</u>.

ⓓ <u>취득 관련 쟁송자산의 소유권확보에 직접 소요된 소송비용·화해비용 등은 필요경비</u> <u>에 포함한다</u>. 단, 직접 소요된 소송비용·화해비용 등을 사업소득금액 계산시 필요경 비에 산입하였거나 산입할 금액이 있는 경우에는 이를 <u>취득가액에서 공제한다(= 필</u> <u>요경비에 산입되지 아니한다)</u>.

ⓔ 양도자산 보유기간에 그 자산에 대한 감가상각비로서 각 과세기간의 사업소득금액을 계산하는 경우 필요경비에 산입하였거나 산입할 금액이 있을 때에는 이를 취득가액에서 공제한 금액을 그 취득가액으로 한다(소득세법 제97조 제3항).

∥ 문제푸는 요령 ∥

key word	구 분	
현재가치할인차금	원칙	필요경비 포함
	필요경비 산입	⇨ 불 포함
취득시 쟁송관련 소송비	원칙	필요경비 포함
	필요경비산입	⇨ 불 포함
	필요경비산입 제외	필요경비 포함
감각상각비	원칙	필요경비 포함
	필요경비산입	⇨ 불 포함

특수관계인과의 거래인 경우로 시가를 초과액 ⇨ 불 포함

> **주의** 지적재조사로 지적공부상의 **면적이 증가**되어 징수한 조정금은 그 동안 지적공부 면적보다 더 많은 면적을 납세 없이 사용하여 **취득가액에서 공제한다**(= **필요경비불포함**).

ⓛ 자본적지출
  ⓐ **의의**: 취득 후 지출로서 실질가치가 증가되는 지출 또는 내용년수가 증가되는 지출
     핵심단어 **개량, 이용편의, 용도변경**

  > **주의** **수익적지출은 포함되지 아니한다.**
  > 수익적지출은 취득 후의 지출로서 **원상회복 또는 능률유지를 위한 지출**로서 양도시의 가치변동이 일어나지 않으므로 포함되지 아니한다. 양도하는 토지위에 나무재배를 위하여 소요된 비용 등은 필요경비로 산입하지 아니한다.

  ⓑ **자본적 지출의 예시**
    • 양도자산을 취득한 후 쟁송이 있는 경우에 그 소유권을 확보하기 위하여 직접 소요된 소송비용·화해비용 등의 금액으로서 그 지출한 연도의 각 소득금액의 계산에 있어서 필요경비에 산입된 것을 제외한 금액 ⇨ 매매계약의 해약으로 인하여 지급하는 위약금은 필요경비에 포함되지 아니한다.

- 「공익사업을 위한 토지 등의 취득 및 보상에 관한 법률」이나 그 밖의 법률에 따라 토지 등이 협의 매수 또는 수용되는 경우로서 그 보상금의 증액과 관련하여 직접 소요된 소송비용·화해비용 등의 금액으로서 그 지출한 연도의 각 소득금액의 계산에 있어서 필요경비에 산입된 것을 제외한 금액. 이 경우 증액보상금을 한도로 포함한다.
- 양도자산의 용도변경·개량 또는 이용편의를 위하여 지출한 비용
- 「개발이익환수에 관한 법률」에 따른 개발부담금
- 「재건축초과이익 환수에 관한 법률」에 따른 재건축부담금
- 기획재정부령으로 정하는 비용
  - 토지의 이용편의를 위하여 지출한 장애철거비용
  - 토지의 이용편의를 위하여 당해 토지에 도로를 건설한 경우의 도로건설비용과 그 도로를 국가 또는 지방자치단체에 무상으로 공여한 경우 그 도로로 된 토지의 가액은 자본적지출에 포함한다.
  - 하천법·특정다목적댐법 기타 법률에 의하여 시행하는 사업으로 인하여 당해 사업구역내의 토지소유자가 부담한 수익자부담금·환지청산금 등의 사업비용과 개발이익환수에 관한 법률에 의한 개발부담금은 자본적지출에 포함한다.
  - 사방사업에 소요된 비용은 자본적지출에 포함한다.

ⓒ 양도비용 : 자산을 양도하기 위하여 **직접 지출한 비용**을 말한다. 자산을 양도하기 위하여 직접 지출한 비용에는 자산을 양도하기 위한 **계약서 작성비용·공증비용·인지대·소개비·양도소득세신고서 작성비** 등을 포함한다.

ⓐ 주식을 양도한 경우의 **증권거래세**도 포함한다.

ⓑ 자산을 취득함에 있어서 법령의 규정에 의하여 매입한 국민주택채권과 토지개발채권을 만기 전에 금융 기관에 양도함으로써 발생한 매각차손도 포함. 이 경우 기획재정부령으로 정하는 금융기관외의 자에게 양도한 경우에는 동일한 날에 금융기관에 양도하였을 경우 발생하는 매각차손을 한도로 한다.

> 양도비용 = 양도시 소요된 직접비용으로 지급된 <u>수수료</u>, 금융기관 **한도의** <u>채권의 매각차손</u>

③ 기준시가에 의한 양도차익

> 양도시점의 기준시가 − [취득시점의 기준시가 + 필요경비 개산공제]

(1) 필요경비개산공제

취득가액을 환산한 경우에는 자본적 지출 및 양도비용 대신 다음의 필요경비 개산공제를 공제한다. 따라서 자본적 지출과 양도비용은 실지거래가인 경우에 적용됨을 알 수 있다.

> 필요경비개산공제 = 취득당시 기준시가 3%(미등기는 0.3%)

양도가액	필요경비
실지거래가	실지거래가 + 자본적 지출 + 양도비
매매사례가	매매사례가액 + 필요경비개산공제
감정가	감정가액 + 필요경비개산공제
기준시가	기준시가 + 필요경비개산공제

(2) 취득가액이 환산취득가액인 경우 세부담의 최소화

양도차익 계산시 추계방법에 의한 취득가액을 환산취득가액으로 하는 경우로서 ① (환산취득가액＋필요경비개산공제액)이 ② (자본적 지출액＋양도비)의 금액보다 적은 경우에는 ② (자본적 지출액＋양도비)의 금액을 필요경비로 할 수 있다(소득세법 제97조 제2항 제2호 단서).

기출 문제 양도차익

1. 취득원가에 현재가치할인차금이 포함된 양도자산의 보유기간 중 사업소득금액 계산시 필요경비로 산입한 현재가치할인차금 상각액은 양도차익을 계산할 때 양도가액에서 공제할 필요경비로 본다. (○, ×)　　제31회

2. 거주자가 특수관계인과의 거래(시가와 거래가액의 차액이 5억원임)에 있어서 토지를 시가에 미달하게 양도함으로써 조세의 부담을 부당히 감소시킨 것으로 인정되는 때에는 그 양도가액을 시가에 의하여 계산한다. (○, ×)　　제31회

3. 특수관계인 간의 거래가 아닌 경우로서 취득가액인 실지거래가액을 인정 또는 확인할 수 없어 그 가액을 추계결정 또는 경정하는 경우에는 매매사례가액, 감정가액, 기준시가의 순서에 따라 적용한 가액에 의한다. (○, ×)　　제28회

4. 취득가액을 실지거래가액으로 계산하는 경우 자본적 지출액은 필요경비에 포함된다. (○, ×) 제26회

5. 취득가액을 매매사례가액으로 계산하는 경우 취득당시 기준시가에 3/100을 곱한 금액이 필요경비에 포함된다. (○, ×)　　제26회

6. 「소득세법」상 사업소득이 있는 거주자가 실지거래가액에 의해 부동산의 양도차익을 계산하는 경우 양도가액에서 공제할 자본적 지출액 또는 양도비에 포함되지 않는 것은? (단, 자본적 지출액에 대해서는 법령에 따른 증명서류가 수취·보관되어 있음) 제27회
① 자산을 양도하기 위하여 직접 지출한 양도소득세 과세표준신고서 작성비용
② 납부의무자와 양도자가 동일한 경우 재건축초과이익환수에 관한 법률에 따른 재건축부담금
③ 양도자산의 이용편의를 위하여 지출한 비용
④ 양도자산의 취득 후 쟁송이 있는 경우 그 소유권을 확보하기 위하여 직접 소요된 소송비용으로서 그 지출한 연도의 각 사업소득금액 계산시 필요경비에 산입된 금액
⑤ 자산을 양도하기 위하여 직접 지출한 공증비용

7. 실지거래가액방식에 의한 양도차익의 산정에 있어서 필요경비에 포함되는 것은?
① 양도한 자산의 능률유지를 위해 지출한 수선비
② 특수관계자와의 거래로서 부당행위계산의 부인규정에 의한 시가초과액
③ 당초 약정에 의한 거래가액에 지급기일의 지연으로 인하여 추가로 발생하는 이자상당액
④ 양도자산 보유기간 중에 그 자산에 대한 감가상각비로서 각 연도의 사업소득금액의 계산에 있어서 필요경비에 산입하였거나 산입할 금액이 있는 때에는 그 금액
⑤ 하천법·특정다목적댐법 기타 법률에 의하여 시행하는 사업으로 인하여 당해 사업구역 내의 토지소유자가 부담한 수익자부담금·환지청산금 등의 사업비용과 개발이익환수에 관한 법률에 의한 개발부담금

8. 양도차익은 양도가액에서 장기보유 특별공제액을 공제하여 계산한다. (○, ×) 제22회

9. 「소득세법」상 거주자가 국내소재 주택의 양도가액과 취득가액을 실지 거래된 금액을 기준으로 양도차익을 상정하는 경우, 양도소득의 필요경비에 해당하지 않는 것은? (단, 지출액은 양도주택과 관련된 것으로 전액 양도부담함) 제22회
① 주택의 취득대금에 충당하기 위한 대출금의 이자지급액
② 취득시 법령의 규정에 따라 매입한 국민주택채권을 만들기 전에 법령이 정하는 금융기관에 양도함으로써 발생하는 매각차손
③ 양도 전 주택의 이용편의를 위한 방 확장 공사비용(이로 인해 주택의 가치가 증가됨)
④ 양도소득세 과세표준 신고서 작성비용
⑤ 공인중개사에게 지출한 중개보수

Answer
1. ×, 필요경비 불포함
2. ○
3. ×, 매 - 감 - 환 - 기순으로 한다.
4. ○
5. ○
6. ④
7. ⑤

8. ×, 양도차익 = 양도가액 − 필요경비
9. ①

③ 양도소득금액

> **양도차익 − 장기보유특별공제 = 양도소득금액**
>
> 양도소득금액은 양도소득의 총수입금액("양도가액")에서 필요경비를 공제하고, 그 금액("양도차익")에서 장기보유 특별공제액을 공제한 금액으로 한다.

(1) 장기보유 특별공제

① **조건**: 토지, 건물로서 보유기간이 3년 이상인 것 및 조합원입주권

② **제 외**

ㄱ 미등기

ㄴ 1세대 2주택 이상으로 조정지역내의 주택을 양도한 경우 할증세율이 적용되는 그 주택 (할증세율은 2025년 5월 30일까지 시행 유예)

ㄷ 조합원으로부터 취득한 입주권

ㄹ 국외 부동산

> **주의** 1세대 2주택 이상인 경우에도 장기보유특별공제 적용된다.

③ 장기보유 특별공제 금액 = **양도차익**(조합원입주권을 양도하는 경우에는 「도시 및 주거환경정비법」 제48조에 따른 **관리처분계획 인가 전** 주택분의 양도차익으로 한정한다) × 보유기간별 공제율

ㄱ 보유기간 공제율

공제대상	보유기간별 공제율
양도소득세가 과세되는 1세대 1주택 (고가주택 해당) **[2년 거주 요건을 갖춘 경우만** 해당]	① 보유공제율 + ② 거주 공제율 ① 보유기간별 공제율: 보유 3년 이상. 1년 증가시마다 4%씩 증가. **10년 이상일 경우 양도차익의 40%까지** ② 거주기간별 공제율: 2년 이상~3년 미만 ⇨ 8%, 거주 3년 이상. 1년 증가시마다 4%씩 증가. **10년 이상일 경우 양도차익의 40%**까지
나머지(**예** 1세대 2주택 이상, 상가건물, 나대지, 비사업용토지 등)	• 3년 이상에서 1년 증가시 2% 증가 • 15년 이상: 양도차익의 30%

    ⓒ 보유기간 계산: 보유기간은 당해자산의 취득일로부터 양도일까지의 기간을 말한다.

      ⓐ 다만, 배우자로부터 증여받은 자산을 **5년 내에 양도하여 이월과세 규정**이 적용되는 경우에는 **증여한 배우자**가 당해자산을 **취득한 날부터 기산**한다.

      ⓑ 가업상속공제가 적용된 비율에 해당하는 자산의 경우에는 피상속인이 해당 자산을 취득한 날부터 기산한다.

      ⓒ 상속받은 자산을 양도하는 경우에는 상속개시일부터 기산한다.

  ⓒ 동일 연도에 수회 양도한 경우의 장기보유특별공제액: 동일 연도에 장기보유특별공제의 대상이 되는 자산을 수회 양도한 경우에도 공제요건에 해당하면 자산별로 각각 공제한다.

기출문제 장기보유특별공제

1. 1세대 1주택이고 해당 주택이 조정지역내의 고가 주택인 경우이라도 3년 보유하고 양도한 경우는 장기보유특별공제가 적용될 수 있다. (○, ×)
          제24회 변형

2. 장기보유특별공제액은 해당 자산의 양도가액에 보유기간별 공제율을 곱하여 계산한다. (○, ×)
          제24회

3. 장기보유특별공제 계산시 해당 자산의 보유기간은 그 자산의 취득일부터 양도일까지로 하지만 「소득세법」 제97조 제4항에 따른 배우자 또는 직계존비속간 증여재산에 대한 이월과세가 적용되는 경우에는 증여자가 해당 자산을 취득한 날부터 기산한다. (○, ×)   제35회

4. 보유기간이 3년 이상인 토지 및 건물(미등기양도자산 제외)에 한정하여 장기보유특별공제가 적용된다. (○, ×)
          제24회

5. 조합원입주권을 양도하는 경우에는 도시 및 주거환경정비법 제48조에 따른 관리처분계획인가 전 주택분의 양도차익에 보유기간별 공제율을 곱하여 계산한 금액을 장기보유특별공제액으로 한다. (○, ×)

6. 양도소득세가 과세되는 1세대 1고가주택(2년 거주함)의 장기보유특별공제는 보유 3년 이상~4년 미만은 양도가액의 20%, 보유 10년 이상일 경우 양도가액의 48%까지 공제한다.
          (○, ×)

7. 기타자산과 부동산 권리인 등기된 임차권의 양도 경우 장기보유특별공제한다. (○, ×)

8. 상속받은 자산을 양도하는 경우에는 장기보유특별공제의 보유기간은 상속개시일부터 기산한다. (○, ×)

9. 소득세법상 건물의 양도에 따른 장기보유특별공제에 관한 설명으로 틀린 것은?

제26회 변형

① 100분의 70의 세율이 적용되는 미등기 건물에 대해서는 장기보유특별공제를 적용하지 아니한다.
② 국외 소재 주택을 3년 보유하고 양도 한 경우 장기보유특별공제를 적용하지 아니한다.
③ 1세대1주택 요건을 충족한 고가주택(보유기간 2년 6개월)이 과세되는 경우 장기보유특별공제가 적용된다.
④ 조정지역내의 비사업용토지를 3년 보유하고 양도 한 경우 장기보유특별공제를 적용한다.
⑤ 보유기간이 12년인 등기된 상가건물의 보유기간별 공제율은 100분의 24이다.

10. 「소득세법」상 장기보유특별공제에 관한 설명으로 틀린 것은?   제20회 변형

① 법령이 정하는 1세대 1주택에 해당하는 자산의 경우로 10년 거주 10년 보유한 고가주택은 양도차익에 100분의 80의 공제율이 적용된다.
② 법령이 정하는 비사업용토지에 해당하는 경우에는 적용한다.
③ 기타자산을 3년 보유하고 양도한 경우 양도차익에 6%의 보유기간 공제률을 곱하여 산정한다.
④ 등기된 토지 또는 건물로서 그 자산의 보유기간이 3년 이상인 것 및 조합원입주권에 대하여 적용한다.
⑤ 양도소득금액은 양도차익에서 장기보유특별공제를 공제한 금액으로 한다.

Answer

1. ○
2. ×, 양도차익에 보유기간별 공제율을 곱하여 계산
3. ○
4. ×, 조합원입주권도 해당된다.
5. ○
6. ×, 양도차익의 20%, 보유 10년 이상일 경우 양도차익의 48%까지 공제
7. ×, 기타자산 등 임차권은 적용불, 토지, 건물, 부동산 취득권리중 조합원 입주권이 장기보유특별공제 적용
8. ○
9. ③
10. ③

---

4 양도소득 과세표준

양도소득금액 − 기본공제 = 양도소득과세표준

① 양도소득 기본공제
  ㉠ 공제금액 : 연 250만원 공제 ⇨ 보유기간과는 무관
  ㉡ 미등기를 제외한 모든 자산에 대해 공제된다.

ⓒ 양도소득이 있는 거주자에 대하여는 다음의 소득별로 당해연도 양도소득에서 각각 250만원을 공제한다. 다음의 소득별이란 ⓐ끼리의 소득별, ⓑ끼리의 소득별, ⓒ끼리의 소득별을 말하므로 자산별이 아님에 유념한다.

ⓐ 부동산·부동산에 관한 권리·기타자산

ⓑ 주식 및 출자지분

ⓒ 파생상품

> **제102조 【양도소득금액의 구분 계산 등】** ① 양도소득금액은 다음 각 ㉠㉡㉢의 소득별로 구분하여 계산한다. 이 경우 소득금액을 계산할 때 발생하는 결손금은 다른 ㉠㉡㉢의 소득금액과 합산하지 아니한다.
> ㉠ 토지·건물·부동산에 관한권리, 기타 자산
> ㉡ 대주주의 상장주식·비상장주식
> ㉢ 파생상품
> ② 제1항에 따라 양도소득금액을 계산할 때 양도차손이 발생한 자산이 있는 경우에는 제1항 각 ㉠㉡㉢별로 해당자산 외의 다른 자산에서 발생한 양도소득금액에서 그 양도차손을 공제한다.

ⓔ **국외**자산은 **국내 자산과 별개로 기본공제 적용**된다. 국외자산은 국내자산과 별개로 기본공제 적용되므로 국외 부동산 그룹은 국외 부동산 그룹끼리 통산 된다. 국내 부동산의 결손금은 국외 부동산의 양도소득금액에서 공제되지 아니한다.
장기보유특별공제는 국외자산에 대해 적용되지 아니한다.

ⓜ 양도소득금액에 소득세법 또는 조세특례제한법이나, 그 밖의 법률에 따른 감면소득이 있는 경우에는 그 감면소득금액 외의 양도소득금액에서 먼저 공제하고, 감면소득 외의 양도소득금액 중에서는 해당 과세기간에 먼저 양도한 자산의 양도소득금액에서부터 **순서대로 공제**한다.

> **주의** 당해연도에서 발생한 **양도차손은 다음연도로 이월되지 않고 당해연도에 소멸**됨에 유념

기출 문제 기본공제

1. 양도소득 과세표준을 산정할 때 맨 마지막 공제되는 것은 장기보유특별공제이다. (○ , ×)

2. 국외 부동산을 양도하여 발생한 양도차손은 동일한 과세기간에 국내 부동산을 양도하여 발생한 양도소득금액에서 통산할 수 있다. (○ , ×)   제35회

3. 국내 부동산에 관한 권리의 양도로 발생한 양도차손은 국내 토지의 양도에서 발생한 양도소득금액에서 공제할 수 없다. (○ , ×)   제31회

4. 국내거주자가 토지와 주식을 양도하는 경우 각각 발생한 결손금은 양도소득 금액 계산시 이를 통산한다. (○, ×) 제20회

5. 양도소득세 과세대상인 국내 소재의 등기된 토지와 건물을 같은 연도 중에 양도시기를 달리하여 양도한 경우에도 양도소득기본공제는 연 250만원을 공제한다. (○, ×) 제21회

Answer

1. ×, 기본공제이다.
2. ×, 국외는 국내와 별도로 공제되니 국내와 통산할 수 없다.
3. ×, 같은 국내 부동산 그룹이니 통산되어 양도소득금액에서 공제할 수 있다.
4. ×, 부동산 그룹과 주식 그룹은 통산되지 아니한다.
5. ○

5 양도소득세액

양도소득 과세표준(×)양도소득세율
──────────────────────
양도소득 산출세액

(1) 양도소득세율

① 하나의 자산이 둘 이상의 세율이 적용될 때에는 해당 세율을 적용하여 계산한 양도소득 산출세액 중 큰 것을 그 세액으로 하고, 파생상품에 따른 세율은 자본시장 육성 등을 위하여 필요한 경우 그 세율의 100분의 75의 범위에서 대통령령으로 정하는 바에 따라 인하할 수 있다.

㉠ 미등기: 70%

㉡ 보유 1년 미만 부동산 · 부동산권리(주택 및 조합원입주권 · 분양권 제외): 50%

㉢ 보유 1년 이상~2년 미만 부동산 · 부동산권리(주택 및 조합원입주권 · 분양권 제외): 40%

㉣ 보유 2년 이상 부동산 · 부동산 권리(주택 및 조합원입주권 · 분양권 제외): 6%~45%의 누진세율

㉤ 주택 및 조합원입주권 · 분양권

> • **보유 1년 미만인 주택 및 조합원입주권 · 분양권**의 양도는 70%
> • **보유 1년 이상~보유 2년 미만 주택 및 조합원입주권 · 분양권**의 양도는 60%
> • **보유 2년 이상인 주택 및 조합원입주권**의 양도는 과세표준 가액에 따라 6%~45%의 누진세율

> **주의** **국외**자산은 **등기여부 · 보유 관계없이** 6%~45%의 **누진세율**이다. 즉, 미등기**국외**자산 양도의 경우에도 6%~45%의 누진세율이다.

ⓗ 다음은 2025년 5월 31일까지 시행 유예: 다음 ⓐ~ⓓ의 어느 하나에 해당하는 주택을 양도하는 경우 기본세율(6%~45%의 누진세율)에 100분의 20(ⓑⓒ의 경우 100분의 30)을 더한 세율을 적용한다.

ⓐ 「주택법」에 따른 조정대상지역에 있는 주택으로서 대통령으로 정하는 1세대 2주택에 해당하는 주택의 양도 ⇨ 6%~45%의 누진세율에 20%의 할증

ⓑ 조정대상지역에 있는 주택으로서 1세대가 1주택과 조합원입주권 또는 분양권을 1개 보유한 경우의 해당 주택의 양도 ⇨ 6%~45%의 누진세율에 20%의 할증 다만, 대통령령으로 정하는 장기임대주택 등은 제외한다.

ⓒ 조정대상지역에 있는 주택으로서 대통령령으로 정하는 1세대 3주택 이상에 해당하는 주택 ⇨ 6%~45%의 누진세율에 30%의 할증

ⓓ 조정대상지역에 있는 주택으로서 1세대가 주택과 조합원입주권 또는 분양권을 보유한 경우로서 그 수의 합이 3 이상인 경우 해당 주택 ⇨ 6%~45%의 누진세율에 30%의 할증. 다만, 대통령령으로 정하는 장기임대주택 등은 제외한다.

> • 1세대 2주택으로 **조정지역내**의 **주택**의 양도의 경우는 **20% 할증**
> • 1세대 3주택 이상으로 **조정지역내**의 **주택**의 양도의 경우는 **30% 할증**

ⓐ 기타자산은 보유기간에 관계없이 6%~45%의 누진세율

ⓞ 비사업용 토지 ⇨ 16%~55%의 누진세율

ⓩ 양도소득세율 적용시 보유기간

> 양도소득세율 적용시 보유기간은 당해 자산 취득일로부터 양도일까지로 한다. 단 **상속**의 경우는 피상속인의 취득일로부터 양도일까지로 한다.

│ 문제푸는 요령 │

상속 – 세율로 연결되면 취득시기는 피상속인의 취득일로 기산, 상속 나오고 세율단어가 없으면 상속개시일로 기산한다.

│ 문제푸는 요령 │

1. 양도소득세의 세율문제일 때 "**주택·입주권·분양권**" 단어가 있는가, 없는가를 살펴보고 **없으면 보유 1년 이상~2년 미만 일 때 40%, 보유 1년 미만일 때 50%**
2. "**주택·입주권·분양권**" 단어 있으면 보유 1년 이상~2년 미만일 때 60%, 보유 1년 미만일 때 70%
3. 분양권과 비사업용 토지를 제외한 보유 2년 이상이면 6%~45%의 누진세율
   • 2년 이상 분양권: 60%
   • 2년 이상 비사업용 토지: 16%~56% 누진세율

기출문제 양도소득 세율

1. 소득세법령상 거주자의 양도소득과세표준에 적용되는 세율에 관한 내용으로 옳은 것은? (단, 국내소재 자산을 2025년에 양도한 경우로서 주어진 자신 외에 다른 자산은 없으며, 비과세와 감면은 고려하지 않음) 제34회

① 보유기간이 6개월인 등기된 상가건물: 100분의 40
② 보유기간이 10개월인 「소득세법」에 따른 분양권: 100분의 70
③ 보유기간이 1년 6개월인 등기된 상가건물: 100분의 30
④ 보유기간이 1년 10개월인 「소득세법」에 따른 조합원입주권: 100분의 70
⑤ 보유기간이 2년 6개월인 「소득세법」에 따른 분양권: 100분의 50

2. 소득세법상 거주자가 국내에 있는 자산을 양도한 경우 양도소득과세표준에 적용되는 세율로 틀린 것은? (단, 주어진 자산 외에는 고려하지 않음) 제30회 변형

① 보유기간이 1년 미만인 조합원입주권: 100분의 70
② 보유기간이 1년 미만인 분양권: 100분의 70
③ 거주자가 조정대상지역의 공고가 있은 날 이전에 조합원입주권을 양도하기 위한 매매계약을 체결하고 계약금을 지급받은 사실이 증빙서류에 의하여 확인되는 경우 그 조정대상지역 내 조합원입주권: 100분의 50
④ 양도소득과세표준이 1,200만원 이하인 등기된 비사업용토지(지정지역에 있지 않음): 100분의 16
⑤ 미등기건물(미등기양도제외 자산 아님): 100분의 70

3. 「소득세법」상 등기된 국내 부동산에 대한 양도소득과 세표준의 세율에 관한 내용으로 옳은 것은? 제27회 변형

① 1년 6개월 보유한 1주택의 양도: 100분의 40
② 2년 1개월 보유한 조정지역 내의 상가건물의 양도: 100분의 40
③ 10개월 보유한 상가건물의 양도: 100분의 50
④ 6개월 보유한 1주택의 양도: 100분의 30
⑤ 1년 8개월 보유한 아파트 분양권 양도: 100분의 50

4. 양도소득세의 세액을 산출하기 위해 적용되는 세율은 먼저 과세대상물의 등기여부를 고려하고, 보유기간에 따라 각 다른 세율을 적용한다. 등기·보유기간과는 무관하게 세율이 적용되는 과세대상물은?

① 토지
② 건물
③ 대주주 보유주식 및 출자지분
④ 기타자산 및 해외부동산의 양도
⑤ 부동산에 관한 권리

5. 골프장 회원권 또는 콘도미니엄 회원권을 양도한 경우 양도소득금액 계산식은?

6. 양도소득세율에 대한 설명으로 옳은 것은?
① 1년 이상~2년 미만 보유한 토지의 양도 : 40%
② 1년 미만 보유한 국민 주택의 양도 : 6%~45%
③ 미등기 국외토지 양도자산 : 70%
④ 2년 6개월 보유한 비사업용 토지 양도 : 50%
⑤ 1년 6개월 보유한 아파트분양권 양도 : 6%~45%

Answer

1. ②
2. ③
3. ③
4. ④
5. 양도가액 − 필요경비
6. ①

⑥ 미등기자산 양도의 경우

(미등기 자산 양도의 경우 과세표준 = 양도차익이 곧 과세표준)

미등기자산 양도시 적용되지 아니한 것
• 장기보유특별공제　　　• 기본공제　　　• 비과세
• 감면　　　　　　　　　• 물납

미등기자산 양도시 적용 가능
• **필요경비 공제가능**　　• 양도·취득시기　　**• 분납**

① **미등기제외 자산** = 미등기이지만 <u>미등기로 보지 아니하는 자산</u> = 등기된 것

1. **장기할부조건으로 취득**한 자산으로 그 계약조건에 의하여 양도 당시 취득에 관한 등기가 불가능한 자산
2. **법률의 규정 또는 법원의 결정**에 의하여 양도 당시 그 자산의 취득에 관한 등기가 불가능한 자산
3. 비과세요건을 충족한 교환·분합하는 농지, 대토하는 농지 및 면제요건을 충족한 자경농지
4. **비과세요건을 충족한 1세대 1주택으로서 건축법에 의한 건축허가를 받지 않아 등기가 불가능한 자산**
5. 도시개발법에 따라 도시개발사업이 종료되지 아니하여 토지 취득등기를 하지 아니하고 양도하는 토지
6. 건설업자가 도시개발법에 따라 공사용역 대가로 취득한 체비지를 토지구획환지처분공고 전에 양도하는 토지

기출문제 미등기 자산의 양도

1. 건설사업자가 「도시개발법」에 따라 공사용역 대가로 취득한 체비지를 토지구획환지치분공
고 전에 양도하는 토지는 양도소득세 비과세가 배제되는 미등기양도자산에 해당하지 않는
다. (○, ×) 제34회기출

2. 「도시개발법」에 따른 도시개발사업이 종료되지 아니하여 토지 취득등기를 하지 아니하고
양도하는 토지는 양도소득세 비과세가 배제되는 미등기양도 자산에 해당하지 않는다. (○, ×)
제34회 기출

3. 「소득세법」상 미등기양도제외자산을 모두 고른 것은? 제32회 기출

> ㉠ 양도소득세 비과세요건을 충족한 1세대 1주택으로서 「건축법」에 따른 건축허가를
>   받지 아니하여 등기가 불가능한 자산
> ㉡ 법원의 결정에 의하여 양도 당시 그 자산의 취득에 관한 등기가 불가능한 자산
> ㉢ 「도시개발법」에 따른 도시개발사업이 종료되지 아니하여 토지취득등기를 하지 아니
>   하고 양도하는 토지

① ㉠   ② ㉡   ③ ㉠, ㉡
④ ㉡, ㉢   ⑤ ㉠, ㉡, ㉢

4. 법원의 결정에 의하여 양도당시 취득에 관한 등기가 불가능한 부동산에 대하여는 장기보유
특별공제 적용되지 아니한다. (○, ×)

5. 소득세법상 미등기양도자산에 관한 설명으로 옳은 것은? 제29회
① 미등기양도자산도 양도소득에 대한 소득세의 비과세에 관한 규정을 적용 할 수 있다.
② 건설업자가 도시개발법에 따라 공사용역 대가로 취득한 체비지를 토지구획환지처분공
고 전에 양도하는 토지는 미등기양도자산에 해당하지 아니한다.
③ 미등기양도자산의 양도소득금액 계산시 양도소득 기본공제를 적용할 수 있다.
④ 미등기양도자산은 양도소득산출세액에 100분의 70을 곱한 금액을 양도소득 결정세액에
더한다.
⑤ 미등기양도자산의 양도소득금액 계산시 장기보유특별공제를 적용할 수 있다.

Answer
1. ○
2. ○
3. ⑤
4. ④
5. ×, 미등기 제외 부동산으로 장기보유특별공제 적용된다.

162 제3편 국 세

7 1세대 1주택으로 비과세 제외되는 고가주택의 양도차익계산

1세대 1주택이 고가주택에 해당하는 경우에는 실지거래가액에 의하여 양도차익을 계산하되, 양도가액 중 12억원을 초과하는 부분에 대하여만 양도소득세를 과세한다. 1세대 1주택으로 비과세 제외되는 고가주택에 해당하는 자산의 양도차익 및 장기보유특별공제액은 다음 각 호의 산식으로 계산한 금액으로 한다.

① 고가주택 양도차익 = **양도차익 × (양도가 − 12억원/양도가)**

② 고가주택 장기보유 특별공제액 = 장기보유 특별공제액 × (양도가 − 12억원 / 양도가)

③ **양도소득 기본공제** : 양도소득 기본공제는 안분계산하지 아니하고 거주자별로 250만원을 공제한다.

8 이월과세 · 특수관계인과의 증여

(1) **이월과세**

① 소득세법 제97조의2

제97조의2【양도소득의 필요경비 계산 특례】 ① 거주자가 양도일부터 소급하여 **10년 이내에** 그 배우자(양도 당시 혼인관계가 소멸된 경우를 포함하되, 사망으로 혼인관계가 소멸된 경우는 제외한다.) 또는 직계존비속으로부터 증여받은 토지, 건물, 부동산을 취득할 수 있는 권리(건물이 완성되는 때에 그 건물과 이에 딸린 토지를 취득할 수 있는 권리를 포함한다), 회원권에 따른 자산의 양도차익을 계산할 때 양도가액에서 공제할 **취득가액은 증여한 배우자 또는 직계존비속의 취득 당시 금액**으로 한다. 이 경우 거주자가 증여받은 자산에 대하여 **납부하였거나 납부할 증여세상당액**이 있는 경우에는 **필요경비에 산입**한다.
② 다음 각 ㉠㉡㉢의 어느 하나에 해당하는 경우에는 제1항을 적용하지 아니한다.
  ㉠ 사업인정고시일부터 소급하여 2년 이전에 증여받은 경우로서 공익사업을 위한 토지 등의 취득 및 보상에 관한 법률이나 그 밖의 법률에 따라 협의매수 또는 **수용**된 경우
  ㉡ **1세대 1주택**[같은 호에 따라 양도소득의 비과세대상에서 제외되는 **고가주택**(이에 딸린 토지를 포함한다)을 포함한다]의 양도에 해당하게 되는 경우
  ㉢ 제1항을 적용하여 계산한 양도소득 결정세액이 제1항을 적용하지 아니하고 계산한 양도소득 결정세액보다 **적은 경우**

㉠ 이월과세 경우 **취득일**	**증여자**의 취득일
㉡ 이월과세 경우 **이미 납부된 증여세액**	**필요경비에 포함**한다.
㉢ 이월과세 경우 **납세의무자**	증여받은 자인 배우자
㉣ **배우자끼리는 연대납세의무가 없다.**	
㉤ <u>이월과세가 적용되지 아니한 경우</u>	ⓐ <u>수용된 경우</u> ⓑ <u>1세대 1주택(고가주택 포함)의 양도</u> ⓒ <u>이월과세를 적용하여 결정세액이 이월과세 적용아니한 세액보다 적은 경우</u>

(2) 특수관계인과의 증여

① 소득세법 제101조

> 제101조【양도소득의 부당행위계산】② 거주자가 제1항에서 규정하는 특수관계인(배우자 및 직계존비속의 경우는 제외한다)에게 자산을 증여한 후 그 자산을 증여받은 자가 그 증여일부터 10년 이내에 다시 타인에게 양도한 경우로서 특수관계자가 부담한 **증여세와 양도소득세의 합계액**이 증여자가 직접 양도하였다고 가정할 경우에 **부담할 양도소득세보다 적다면** 세액보다 적은 경우에는 **증여자가 그 자산을 직접 양도**한 것으로 본다. 다만, 양도소득이 해당 수증자에게 실질적으로 귀속된 경우에는 그러하지 아니하다(**이 경우 기 납부된 증여세는 환급**된다).

특수관계인과의 거래로 **증여자에게 양도소득세 부과**하는 경우(**합계액이 적을 때**) 이미 **납부한 증여세는 환급**된다.

㉠ 특수관계인과의 증여의 양도소득 납세의무자	**증여자**
㉡ 특수관계인과의 증여의 양도소득세 취득시기	증여자의 취득일
㉢ 특수관계인과의 증여의 **이미 납부한 증여세**	환급
㉣ 특수관계인과의 연대납세의무	**있다.**

기출 문제 이월과세

1. 소득세법상 거주자 甲이 2008년 1월 20일에 취득한 건물(취득가액 3억원)을 甲의 배우자 乙에게 2017년 3월 5일자로 증여(해당 건물의 시가 8억원)한 후, 乙이 2025년 5월 20일에 해당 건물을 甲·乙의 특수관계인이 아닌 丙에게 10억원에 매도하였다. 해당 건물의 양도소득세에 관한 설명으로 옳은 것은? (단, 취득·증여·매도의 모든 단계에서 등기를 마침)
제25회

① 양도소득세 납세의무자는 甲이다.
② 양도소득금액 계산시 장기보유특별공제가 적용된다.
③ 양도차익 계산시 양도가액에서 공제할 취득가액은 8억원이다.
④ 乙이 납부한 증여세는 양도소득세 납부세액 계산시 세액공제된다.
⑤ 양도소득세에 대해 甲과 乙이 연대하여 납세의무를 진다.

2. 다음 자료를 기초로 할 때 소득세법령상 국내 토지A에 대한 양도소득세에 관한 설명으로 옳은 것은? (단, 甲, 乙, 丙은 모두 거주자임)
제35회

> • 甲은 2018.6.20. 토지A를 3억원에 취득하였으며, 2020.5.15. 토지A에 대한 자본적 지출로 5천만원을 지출하였다.
> • 乙은 2022.7.1. 배우자인 甲으로부터 토지 A를 증여받아 2022.7.25. 소유권이전등기를 마쳤다(토지A의 증여 당시 시가는 6억원임).
> • 乙은 2024.10.20. 토지A를 甲 또는 乙과 특수 관계가 없는 丙에게 10억원에 양도하였다.
> • 토지A는 법령상 협의매수 또는 수용된 적이 없으며, 소득세법 제97조의2 양도소득의 필요 경비 계산 특례(이월과세)를 적용하여 계산한 양도소득 결정세액이 이를 적용하지 않고 계산한 양도소득 결정세액보다 크다고 가정한다.

① 양도차익 계산시 양도가액에서 공제할 취득가액은 6억원이다.
② 양도차익 계산시 甲이 지출한 자본적 지출액 5천만원은 양도가액에서 공제 할 수 없다.
③ 양도차익 계산시 乙이 납부하였거나 납부할 증여세 상당액이 있는 경우 양도차익을 한도로 필요경비에 산입한다.
④ 장기보유 특별공제액 계산 및 세율 적용시 보유기간은 乙의 취득일부터 양도일까지의 기간으로 한다.
⑤ 甲과 乙은 양도소득세에 대하여 연대납세의무를 진다.

3. 양도일부터 소급하여 10년 이내에 그 배우자로부터 증여받은 토지의 양도차익을 계산할 때 그 증여받은 토지에 대하여 납부한 증여세는 양도가액에서 공제할 필요경비에 산입하지 아니한다. (○, ×)
제31회, 제32회

4. 특수관계인에게 증여한 자산에 대해 증여자인 거주자에게 양도소득세가 과세되는 경우 수증자가 부담한 증여세 상당액은 양도가액에서 공제할 필요경비에 산입한다. (○, ×) 제31회

5. 「소득세법」상 거주자 甲이 특수관계자인 거주자 乙에게 등기된 국내 소재의 건물(주택 아님)을 증여하고 乙이 그로부터 5년 내 그 건물을 甲·乙과 특수관계없는 거주자 丙에게 양도한 경우에 관한 설명으로 틀린 것은?

① 乙이 甲의 배우자인 경우, 乙의 양도차익 계산시 취득가액은 甲이 건물을 취득한 당시의 취득가액으로 한다.

② 乙이 甲과 증여당시의 혼인관계에 있었으나 양도당시에는 혼인관계가 소멸한 경우, 乙의 양도차익 계산시 취득가액은 甲이 건물을 취득한 당시의 취득가액으로 한다.

③ 乙이 甲의 배우자인 경우, 건물에 대한 장기보유특별공제액은 건물의 양도차익에 甲이 건물을 취득한 날부터 기산한 보유기간별 공제율을 곱하여 계산한다.

④ 乙이 甲의 배우자 및 직계존비속 외의 자인 경우, 乙의 증여세와 양도소득세를 합한 세액이 甲이 직접 丙에게 건물을 양도한 것으로 보아 계산한 양도소득세보다 큰 때에는 甲이 丙에게 직접 양도한 것으로 보지 아니한다.

⑤ 乙이 甲의 배우자인 경우, 건물의 양도소득에 대하여 甲과 乙이 연대납세의무를 진다.

6. 거주자 甲은 2016. 10. 20. 취득한 토지(취득가액 1억원, 등기함)를 동생인 거주자 乙(특수관계인임)에게 2019. 10. 1. 증여(시가 3억원, 등기함)하였다. 乙은 해당 토지를 2023. 6. 30. 특수관계가 없는 丙에게 양도(양도가액 10억원)하였다. 양도소득은 乙에게 실질적으로 귀속되지 아니하고, 乙의 증여세와 양도소득세를 합한 세액이 甲이 직접 양도하는 경우로 보아 계산한 양도소득세보다 적은 경우에 해당한다. 「소득세법」상 양도소득세 납세의무에 관한 설명으로 틀린 것은? 제33회

① 乙이 납부한 증여세는 양도차익 계산시 필요경비에 산입한다.
② 양도차익 계산시 취득가액은 甲의 취득 당시를 기준으로 한다.
③ 양도소득세에 대해서는 甲과 乙이 연대하여 납세의무를 진다.
④ 甲은 양도소득세 납세의무자이다.
⑤ 양도소득세 계산시 보유기간은 甲의 취득일부터 乙의 양도일까지의 기간으로 한다.

7. 이월과세를 적용받은 자산의 보유기간은 증여한 배우자가 그 자산을 증여한 날을 취득일로 본다. (○, ×) 제32회

8. 이월과세를 적용하여 계산한 양도소득결정세액이 이월과세를 적용하지 않고 계산한 양도소득결정세액보다 적은 경우에 이월과세를 적용한다. (○, ×) 제32회

9. 거주자가 양도일부터 소급하여 10년 이내에 그 배우자(양도 당시 사망으로 혼인관계가 소멸된 경우 포함)로부터 증여받은 토지를 양도할 경우에 이월과세를 적용한다. (○, ×) 제32회

10. 거주자가 사업인정고시일부터 소급하여 2년 이전에 배우자로부터 증여받은 경우로서 「공익사업을 위한 토지 등의 취득 및 보상에 관한 법률」에 따라 수용된 경우에는 이월과세를 적용하지 아니한다. (○, ×) 제32회

11. 소득세법상 거주자 甲이 특수관계자인 거주자 乙에게 등기된 국내 소재의 건물(주택 아님)을 증여하고 乙이 그로부터 10년 내 그 건물을 甲·乙과 특수 관계 없는 거주자 丙에게 양도한 경우에 관한 설명으로 틀린 것은?

① 乙이 甲의 배우자인 경우, 乙의 양도차익 계산시 취득가액은 甲이 건물을 취득한 당시의 취득가액으로 한다.

② 乙이 甲과 증여당시의 혼인관계에 있었으나 양도당시에는 혼인관계가 소멸한 경우, 乙의 양도차익 계산시 취득가액은 甲이 건물을 취득한 당시의 취득가액으로 한다.

③ 乙이 甲의 배우자인 경우, 건물에 대한 장기보유특별공제액은 건물의 양도차익에 甲이 건물을 취득한 날부터 기산한 보유기간별 공제율을 곱하여 계산한다.

④ 乙이 甲의 배우자 및 직계존비속 외의 자인 경우, 乙의 증여세와 양도소득세를 합한 세액이 甲이 직접 丙에게 건물을 양도한 것으로 보아 계산한 양도소득세보다 큰 때에는 甲이 丙에게 직접 양도한 것으로 보지 아니한다.

⑤ 乙이 甲의 배우자인 경우, 건물의 양도소득에 대하여 甲과 乙이 연대납세의무를 진다.

Answer

1. ②
2. ③
   ① 양도차익 계산시 양도가액에서 공제할 취득가액은 3억원이다.
   ② 양도차익 계산시 甲이 지출한 자본적 지출액 5천만원은 양도가액에서 공제할 수 있다.
   ④ 장기보유 특별공제액 계산 및 세율 적용시 보유기간은 甲의 취득일부터 양도일까지의 기간으로 한다.
   ⑤ 甲과 乙은 양도소득세에 대하여 연대납세의무가 없다.
3. ×, 이월과세 적용 이미 납부한 증여세는 필요경비에 포함
4. ×, 특수관계인과의 증여인 경우 이미 납부한 증여세는 환급된다.
5. ⑤
6. ①
7. ×, 증여자의 취득일
8. ×, 적은 경우는 이월과세 적용되지 아니한다.
9. ×, 양도 당시 사망으로 혼인관계가 소멸된 경우는 이월과세 적용되는 배우자에 제외된다.
10. ○
11. ⑤

---

9 예정신고·확정신고

(I) 예정신고

① 예정신고 기간

ⓐ 양도일이 속하는 <u>달의 말일로부터 2개월 이내</u>(국토의 계획 및 이용에 관한 법률)에 따른 토지거래계약에 관한 <u>허가구역에 있는 토지</u>를 양도할 때 토지거래계약<u>허가를 받기 전에 대금을 청산한 경우에는 그 허가일이 속하는 달의 말일부터 2개월</u>로 한다.

ⓑ 주식 등을 양도하는 경우의 예정신고기한 : 2018년부터는 양도일이 속하는 반기의 말일부터 2개월

    ⓒ **부담부증여**의 채무액에 해당하는 부분으로서 양도로 보는 경우의 **예정신고기한**: 그 양도일이 속하는 달의 **말일부터 3개월**

② **양도차손이 있거나, 양도차익이 없더라도 예정신고 또는 확정신고한다.**

③ 예성신고를 **한 경우**에는 확정 신고를 **아니 할 수** 있다.

    단, 해당 과세기간에 <u>누진세율 적용대상</u> 자산에 대한 <u>예정신고를 2회 이상 하는 경우</u>로서 거주자가 이미 신고한 양도소득금액과 합산하여 신고하려는 경우에는 <u>확정신고한다</u>.

④ **예정신고를 이행한 경우에도 예정신고세액공제는 없고 이행하지 아니한 경우 가산세 규정을 주고 있다.**

    ㉠ **예정신고세액공제 없음**

    ⓛ **무신고가산세 20% 적용(과소신고: 10%)**

    ⓒ **예정신고를 이행하지 아니하고, 확정신고 한 경우에는 무신고 가산세에서 50% 감면되어 이 경우는 무신고 가산세가 납부세액의 10% 가산된다.**

⑤ **분납: 예정신고 또는 확정신고시 가능**

(2) 양도소득 확정신고와 납부

① **양도소득과세표준 확정신고**: 해당 과세기간의 양도소득금액이 있는 거주자는 그 양도소득과세표준을 <u>그 과세기간의 다음 연도 5월 1일부터 5월 31일까지</u>(국토의 계획 및 이용에 관한 법률에 따른 토지거래계약에 따른 토지거래계약에 관한 허가일이 속하는 과세기간의 다음 연도 5월 1일부터 5월 31일까지) 양도소득과세표준 확정신고 및 납부계산서에 법정서류를 첨부하여 납세지 관할 세무서장에게 신고하여야 한다.

② 이 경우 해당 과세기간의 <u>과세표준이 없거나 결손금액이 있는 경우에도 적용한다.</u>

10 양도소득세의 분납(물납은 폐지)

    거주자로서 양도소득세로 납부할 세액이 각각 1,000만원을 초과하는 자는 다음의 금액(= **일부금액**)을 납부기한 경과 후 **2개월 이내에 분납**할 수 있다.

(I) 일부금액

① **납부할 세액이 2,000만원 이하인 때**: 1,000만원을 초과하는 금액

② **납부할 세액이 2,000만원을 초과하는 때**: 그 세의 50% 이하의 금액

기출 문제 예정신고 또는 확정신고

1. 부담부증여의 채무액에 해당하는 부분으로서 양도로 보는 경우에는 그 양도일이 속하는 달의 말일부터 2개월 이내에 양도소득세를 신고하여야 한다. (○, ×)   제35회 기출

2. 토지의 양도로 발생한 양도차손은 동일한 과세기간에 전세권의 양도로 발생한 양도소득금 액에서 공제할 수 있다. (○, ×)   제35회 기출

3. 「소득세법」상 거주자의 국내 토지에 대한 양도소득 과세표준 및 세액의 신고·납부에 관한 설명으로 틀린 것은?   제30회

① 법령에 따른 부담부증여의 채무액에 해당하는 부분으로서 양도로 보는 경우 그 양도일 이 속하는 달의 말일부터 3개월 이내에 양도소득 과세표준을 납세지 관할 세무서장에게 신고하여야 한다.

② 예정신고·납부를 하는 경우 예정신고 산출세액에서 감면 세액을 빼고 수시부과세액이 있을 때에는 이를 공제하지 아니한 세액을 납부한다.

③ 예정신고·납부할 세액이 2천만원을 초과하는 때에는 그 세액의 100분의 50 이하의 금 액을 납부기한이 지난 후 2개월 이내에 분할납부할 수 있다.

④ 당해 연도에 누진세율의 적용대상 자산에 대한 예정신고를 2회 이상 한 자가 법령에 따 라 이미 신고한 양도소득금액과 합산하여 신고하지 아니한 경우에는 양도소득 과세표 준의 확정신고를 하여야 한다.

⑤ 양도차익이 없거나 양도차손이 발생한 경우에도 양도소득 과세표준의 예정신고를 하여 야 한다.

4. 토지 또는 건물을 양도한 경우에는 그 양도일이 속한 분기의 말일부터 2개월 내에 양도소득 과세표준을 신고해야 한다. (○, ×)   제29회

5. 양도차익 없거나, 양도차손이 발생한 경우에는 양도소득 과세표준 예정신고의무가 없다.
(○, ×) 제29회

6. 거주자가 건물을 신축하고 그 신축한 건물의 취득일부터 3년 이내에 해당 건물을 양도 하는 경우로서 환산가액을 그 취득가액으로 해당하는 하는 경우에는 해당 건물 양도산출세액의 100분의 5에 금액을 양도소득 결정세액에 더한다. (○, ×)   제29회

7. 양도소득 과세표준 예정신고시에는 납부할 세액이 1천만원을 초과하더라도 그 납부할 세액 의 일부를 분할 납부할 수 없다. (○, ×)   제29회

8. 당해년도에 누진세율 적용대상 자산에 대한 예정신고를 2회 이상 한 자가 법령에 따라 이미 신고한 양도소득금액과 합산하여 신고하지 아니한 경우 양도소득 확정신고를 하여야 한다.
(○, ×) 제29회

9. 「소득세법」상 거주자의 양도소득 과세표준의 신고 및 납부에 관한 설명으로 옳은 것은?

제21회

① 2025년 3월 21일에 주택을 양도하고 잔금을 청산한 경우 2025년 6월 30일에 예정신고할 수 있다.
② 확정신고·납부시 납부할 세액이 1천 6백만원인 경우 6백만원을 분납할 수 있다.
③ 예정신고·납부시 납부할 세액이 2천만원인 경우 분납할 수 없다.
④ 양도차손이 발생한 경우 예정신고하지 아니한다.
⑤ 예정신고하지 않은 거주자가 해당 과세기간의 과세표준이 없는 경우 확정 신고하지 아니한다.

10. 「소득세법」상 사업자가 아닌 거주자 甲이 2025년 5월 15일에 토지(토지거래계약에 관한 허가구역 외에 존재)를 양도하였고, 납부할 양도소득세액은 1천 5백만원이다. 이 토지의 양도소득세 신고·납부에 관한 설명으로 틀린 것은? (단, 과세기간 중 당해 거래 이외에 다른 양도거래는 없고, 답지항은 서로 독립적이며 주어진 조건 외에는 고려하지 않음)

제26회 변형

① 2025년 7월 31일까지 양도소득 과세표준을 납세지 관할세무서장에게 신고하여야 한다.
② 예정신고를 하지 않은 경우 확정신고를 하면, 예정신고에 대한 가산세는 부과되지 아니한다.
③ 예정신고하는 경우 양도소득세의 분할납부가 가능하다.
④ 예정신고를 한 경우에는 확정신고를 하지 아니할 수 있다.
⑤ 과세기간에 누진세율 적용대상 자산에 대한 예정신고를 2회 이상 하는 경우는 확정신고하여야 한다.

Answer

1. ×, 양도일이 속하는 달의 말일로부터 3개월 내
2. ○
3. ⑤
4. ×, 달의 말일부터 2개월
5. ×, 예정신고의무 있다.
6. ×, 5년 내, 100분의 5
7. ×, 분납할 수 있다.
8. ○
9. ②
10. ②

11 국외자산의 양도

국외자산의 양도는 양도일까지 5년 이상 국내에 주소를 둔 거주자에게 납세의무를 부여하며 이에 관련 이론은 최근 자주 출제되고 있다.

(1) 국외 자산의 양도

① 국외자산 양도소득의 범위 : 거주자(국내에 당해자산의 양도일까지 <u>5년 이상 주소</u> 또는는 거소를 둔 자에 한함)의 국외에 있는 자산의 양도에 대해 납세의무가 있다.

② 국외자산 : 국외에 있는 자산을 양도함에 따라 발생하는 다음의 소득을 말한다.
　㉠ 토지 또는 건물
　㉡ **부동산에 관한 권리**(미등기 양도자산을 포함)
　㉢ 지상권·전세권과 부동산임차권
　㉣ 부동산을 취득할 수 있는 권리
　㉤ 주식 또는 출자지분 : 외국법인이 발행한 주식 등을 말하며, 외국법인이 국내법에 의하여 발행한 주식은 포함하지 아니한다.
　㉥ 기타 자산
　㉦ 파생상품

주의 **부동산 임차권**
• <u>국내자산의 경우</u> ⇨ 등기된 부동산 임차권만 과세
• <u>국외자산의 경우</u> ⇨ <u>등기·미등기 모두 과세</u>

(2) 양도소득세의 계산

① 양도소득세의 계산구조 : 국외자산양도의 양도소득세 계산구조는 '양도소득세 계산구조'를 준용한다(단, 장기보유 특별공제 배제). - **기본공제는 적용**

② 양도가액 : 국외자산의 양도가액은 당해 자산의 양도 당시의 <u>실지거래가액</u>으로 한다.
　실지거래가액으로 적용되므로 **필요경비개산공제는 적용되지 아니**한다.

③ 세율 : 국외자산의 부동산에 대한 양도소득세는 등기여부에 관계없이, 보유기간에 관계없이 6%~45%까지의 누진세율로 적용

④ 외국납부세액공제 : **외국납부세액공제와** 양도소득금액 계산상 **필요경비에 산입하는 방법 중 하나를 선택**하여 적용받을 수 있다(**환율은 기준환율 또는 재정환율로 적용**).

▮ **문제푸는 요령** ▮

【국외 자산양도시 **적용되지 않는 것**】
① 장기보유특별공제 ② 기준시가 ③ 필요경비개산공제 ④ 환 차익 ⑤ 물납
【국외 자산양도시 **적용되는 것**】
대표적으로 분납, 기본공제

기출 문제 국외 자산 양도

1. 소득세법령상 거주자가 2025년에 양도한 국외자산의 양도소득세에 관한 설명으로 틀린 것은? (단, 거주자는 해당 국외자산 양도일까지 계속 5년 이상 국내에 주소를 두고 있다)
   제35회

   ① 국외자산의 양도에 대한 양도소득이 있는 거주자는 양도소득 기본공제는 적용받을 수 있으나 장기보유 특별공제는 적용받을 수 없다.
   ② 국외 부동산을 양도하여 발생한 양도차손은 동일한 과세기간에 국내 부동산을 양도하여 발생한 양도소득금액에서 통산할 수 있다.
   ③ 국외 양도자산이 부동산임차권인 경우 등기여부와 관계없이 양도소득세가 과세된다.
   ④ 국외자산의 양도가액은 그 자산의 양도 당시의 실지거래가액으로 한다. 다만, 양도 당시의 실지거래가액을 확인할 수 없는 경우에는 양도자산이 소재하는 국가의 양도 당시 현황을 반영한 시가에 따른다.
   ⑤ 국외 양도자산이 양도 당시 거주자가 소유한 유일한 주택으로서 보유기간이 2년 이상인 경우에도 1세대 1주택 비과세 규정을 적용받을 수 없다.

2. 국내에 5년 이상 주소를 둔 거주자가 1년 미만 보유된 국외 주택을 양도한 경우 70%의 양도소득세율이 적용된다. (○, ×)

3. 국내에 7년간 주소를 둔 거주자가 국외 토지를 양도한 경우 예정신고 의무가 있다. (○, ×)

4. 거주자(해당 국외자산 양도일까지 계속 5년 이상 국내에 주소를 두고 있음)가 2025년에 국외에 있는 부동산에 관한 권리로 미등기 양도로 발생하는 소득은 양도소득범위에 포함된다.
   (○, ×) 제31회

5. 국외토지의 양도에 대하여 해당 외국에서 과세를 하는 경우로서 그 국외자산 양도소득세액을 납부하였을 때에는 외국납부세액의 세액공제방법과 필요경비 산입방법 중 하나를 선택하여 적용할 수 있다. (○, ×)
   제31회

6. 거주자 甲은 2015년에 국외에 1채의 주택을 미화 1십만 달러(취득자금 중 일부 외화차입)에 취득하였고, 2025년에 동 주택을 미화 2십만 달러에 양도하였다. 이 경우 소득세법상 설명으로 틀린 것은?   제32회

① 甲의 국외주택에 대한 양도차익은 양도가액에서 취득가액과 필요경비개산공제를 차감하여 계산한다.
② 甲의 국외주택 양도로 발생하는 소득이 환율변동으로 인하여 외화차입금으로부터 발생하는 환차익을 포함하고 있는 경우에는 해당 환차익을 양도소득의 범위에서 제외한다.
③ 甲의 국외주택 양도에 대해서는 해당 과세기간의 양도소득금액에서 연 250만원을 공제한다.
④ 甲은 국외주택을 3년 이상 보유하였음에도 불구하고 장기보유특별공제액은 공제하지 아니한다.
⑤ 甲은 국외주택의 양도에 대하여 양도소득세의 납세의무가 있다.

7. 소득세법상 국외자산 양도에 관한 설명으로 옳은 것은?   제25회

① 양도차익 계산시 필요경비의 외화환산은 지출일 현재 외국환거래법에 의한 기준환율 또는 재정환율에 의한다.
② 국외자산 양도시 양도소득세의 납세의무자는 국외자산의 양도일까지 계속하여 3년간 국내에 주소를 둔 거주자이다.
③ 미등기 국외토지에 대한 양도소득세율은 70%이다.
④ 장기보유특별공제는 국외자산의 보유기간이 3년 이상인 경우에만 적용된다.
⑤ 국외자산의 양도가액은 실지거래가액이 있더라도 양도 당시 현황을 반영한 시가에 의하는 것이 원칙이다.

8. 거주자 甲이 국외에 있는 양도소득세 과세대상 X토지를 양도함으로써 소득이 발생하였다. 다음 중 틀린 것은?   제30회

① 甲이 X토지의 양도일까지 계속 5년 이상 국내에 주소 또는 거소를 둔 경우에만 해당 양도소득에 대한 납세의무가 있다.
② 甲이 국외에서 외화를 차입하여 X토지를 취득한 경우 환율변동으로 인하여 외화차입금으로부터 발생한 환차익은 양도소득세의 범위에서 제외한다.
③ X토지의 양도가액은 양도 당시의 실지거래가액으로 하는 것이 원칙이다.
④ X토지에 대한 양도차익에서 장기보유특별공제액을 공제한다.
⑤ X토지에 대한 양도소득금액에서 양도소득 기본공제로 250만원을 공제한다.

Answer

1. ② 국외 부동산을 양도하여 발생한 양도차손은 동일한 과세기간에 국내 부동산을 양도하여 발생한 양도소득금액에서 통산할 수 없다.
2. ×, 국외자산 양도는 6%~45% 누진세율
3. ○
4. ○
5. ○
6. ① 실지거래가로 필요경비개산공제 적용 불(不)
7. ①
8. ④ 국외부동산 양도의 경우 장기보유특별공제는 적용 불(不)

오늘도 열공하시는 울님들의 모습에 감사의 말씀을 드리며 제36회 합격을 기원합니다.

웃는 공양구가 좋구요!!!

세법 강의하는 이태호 배상

제36회 공인중개사 시험대비 **전면개정판**

2025 박문각 공인중개사
이태호 필수서 2차 부동산세법

초판인쇄 | 2025. 2. 1. **초판발행** | 2025. 2. 5. **편저** | 이태호 편저
발행인 | 박 용 **발행처** | (주)박문각출판 **등록** | 2015년 4월 29일 제2019-000137호
주소 | 06654 서울시 서초구 효령로 283 서경빌딩 4층 **팩스** | (02)584-2927
전화 | 교재 주문 (02)6466-7202, 동영상문의 (02)6466-7201

저자와의
협의하에
인지생략

정가 21,000원
ISBN 979-11-7262-573-3